子育て考

子ども集団の中で一人ひとりを大切にした人的・物的環境の一例

監修　和多美知子
編著　森　英子
編著　伊勢　慎
編著　斎藤　健司

ふくろう出版

まえがき

戦後のまだ貧しい生活の影があちこちに残存していた昭和二十六（一九五一）年に〇歳児から就学前児までという「子ども集団」が現存している保育園に就職して以来、急速な高度経済成長を遂げてきた日本の社会変動期を背景にした子どもの姿や遊びの変遷をできる限り詳細に日々メモして、今日まで「子どもとは？」を追求し、保育方法をいろいろと探し続けて六十年余りを過ごしてきました。

その結果、社会変動にともなって、子どもの日常の姿に数多の問題点が次々に浮かび上がってきて、反省され続けてきているのが現状です。

そこでこの度は数多の問題点の中での一例を述べながら改善を試みてきた実践例を次に述べてみたいと思います。

子どもを取り巻く人的・物的環境の反省点の一例

大人と子どもの「五感の違い」をあらためて意識して取り組む

大　人…年齢が進むに従って、「五感」の働きは下降現象を辿っていく。
子ども…目、耳、触覚、臭覚、味覚という「五感」を常に鋭敏に磨ぎ澄まして、友達と互いに群れ合って、広大な大自然と向き合い、未知の世界に興味津々で挑戦していく。

そこで、あらためて現代の子ども達の動きに目を向けてみますと、移り行く社会環境という「子ども集団」が存在する場でさえも、室内、または柵で囲まれた園舎内という限られた狭い敷地の中で大人に管理された子どもの姿が見られるようになりました。

そのために子ども本来の鋭敏な五感でとらえた大切な比較する面白さや不思議でたまらないといった現象に、目をキラキラと輝かせて矢継ぎ早に

「どうして?」「何故?」と大人に投げかける感動と疑問の言葉が現在の子どもからは殆ど聞かれなくなりました。

そこで、本来の子どもの姿を取り戻す保育方法を求めて、一園での研究から次々に輪を広げて、岡山県内の十園の保育園の先生方と子ども達に御協力をいただき、模索に模索を重ねてきました。その一例をこのたびは述べてみたいと思います。

最後に、この六十年余りの模索研究に一方ならぬ御協力を賜りました諸保育園の先生方並びに研究にも参加してくださり、その上に、このたび編集を手がけての御盡力をたまわりました、山陽学園短期大学の森英子先生、福岡県立大学の伊勢慎先生、新見公立短期大学の斎藤健司先生、そして出版に御盡力くださいました「ふくろう出版」の亀山裕幸様に心より御礼申し上げます。

平成二十八年十月吉日

和多　美知子

目次

子ども本来の姿とは

・友達と常に群れながら、好奇心に満ち満ちて鋭敏な五感を振るに働かせて広大な大宇宙にただよう星々の中の一つ、地球という青い星の上に、しっかりと足を地につけて、目をキラキラと輝かせながら敏捷に駆けまわり
・早口で甲高い声を大空に響かせて、いたずらと冒険を繰り返し
・刻々と移りゆく大自然の不思議さ、美しさに「あれは？」「これは？」「何故？」「どうして？」と疑問の言葉を連発して、たびたび大人を戸惑わせながら
・同じ話（童話など）を飽くことなく聞いたり、同じ遊びや同じ動きを繰り返し、繰り返して、技を磨きながら探索活動に日夜明け暮れて心身ともに明るく前向きに伸び続けている、大人とは全く異なった若竹のような存在が本来の子どもの姿です。

第一章　保育方法の見直し

一、年間を通して、毎月定期的に「一定コース」を歩く

(1)「一定コース」の設定

天体や野山の姿、野草や作物、昆虫や小動物や魚貝類など一年を通して変容していく過程や動き…など、変化に富んだ「一定コース」を保育者全員で探し、確認、設定して実施する。

(2) 歩く回数

毎月十日毎、または十五日毎というように、月に二~三回、年間を通して歩く。

(3) 歩く目的

（イ）四季を通して刻々と変貌する広大な地球という星の大地に足をしっかりと付けて、歩いても、走っても、何処までもついてくる太陽や月や雲や風や空気…などの形や色や匂いや動きや触覚、そして刻々と移り行く光や温度（寒と温という）や影や山野の姿や植物や昆虫や魚貝類…などの不思議さ、美しさに、目や耳や臭いや触覚や味覚を刺激され、海の水と川の水、雨や雪や氷や霜柱…など水の織りなす不思議さを全身で受けとめながら、夢と希望に満ち満ちて、冒険や探索を友達と群れ合って飽きることなく楽しく繰り返して、心身の奥深く焼きつけていくことができる「一定コース」を設定します。

（ロ）保育者も子どもと一緒に歩くことによって、子どもの感動の言葉や疑問をあたたかく受け入れてやるだけでなく、子どもから「わぁー、きれい！」「どうして？」「不思議？」「昨日と違う、どうして？」…と子どもの口から感動と疑問の言葉が「ポンポン…と」数多く飛び出すように、その月、その月、その日、その日の場に応じた子どもの興味と意欲を引き出すことができる何気ないようで、しかも大切なヒントになる一言を「ポン！」と投げかけてやれるように常に広い知識を身につけるよう心掛けるよい場でもあります。

しかし、この野外での遊び方法が現在は影をひそめて、若い保育者でさえ知らないという欠落した盲点に出逢い子どもに伝達することの難しさを感じるようになってきています。
そこで、欠落しつつある保育の盲点を今一度見直し、園外保育の展開方法を検討してきた一例が「一定コース」の設定です。

(4)「一定コース」を歩いて遊びが拡大した実践例

五感が大人よりも鋭敏な子ども達が、山道や田畠の周囲や畦道や川辺の草むらや海辺…などを年間を通して定期的に毎月、繰り返し、歩いたり、走ったり、立ち止まったりして遊びながら、全身を通して感じた「面白さ」や「不思議さ」…などの感動や疑問を園内に持ち帰り、みんなで話し合って、疑問点を図鑑と睨めっこしながら、キラキラと目を輝かせている姿が見られるようになりました。

そこで、この子どもたちの興味関心を更により深く誘発する方法として、子ども達が気付いたことや興味を抱いたことを、みんなで毎日、文字や数字や絵やグラフに表現したり、自分たちで作物を育ててみるという実体験に発展させたことで年間を通したことで気付くことができる比較する面白さと多くの疑問点「どうして?」「何故?」の連発が聞かれるようになりました。

「事例1」天体

① 毎日、日向と日蔭の気温を、九時、十二時、十五時の三回、当番の子どもと保育者で測定して、当番の子どもが、数字とグラフ（折れ線グラフや棒グラフ）に書いてみんなで話し合って遊ぶ。

② 毎日の影（九時、十二時、十五時）を図って、①と同様に数字とグラフに表現して遊ぶ。

③ 毎日の天気（九時、十二時、十五時）を文字または記号で表現して遊ぶ。

④ 毎日、観察していて気が付いた雲や風について、みんなで話し合って、絵や文字に表現して遊ぶ。

⑤ 毎日、自分たちが見た太陽や月や星の形や色や位置（東、西、南、北…など）などをみんなで話し合い、文字や絵で表現して遊ぶ。

⑥ 月々に見た昆虫や花を月別に絵や文字に描いて遊ぶ。

以上の遊びを通して、比較することの面白さや自然の織りなす不思議さ…など体得する。

〔一例〕
・太陽の位置と影のできる位置
（何故、太陽の位置と反対なの）
・太陽が動くと影の位置も動いている
（面白いよ、どこまで動くのかな？）
・太陽が動くと九時も十二時も十五時も影の長さがどんどん変わっていく面白いよ
・太陽が南にいくと太陽が僕達（私達）の真上にあった時より十二時の影が長くなってきたどうしてかな？
（夏は十二時の影がなくなったように小さかったのになあー）
・雨が降りそうになると、どうして暗い雲になるの？どこから暗い雲来るのかな？天気のよい日はきれいな白い雲なのに
（追いかけっこをしているのかな？）

不思議な自然現象を通して比較する言葉と探求心をかりたてる。

〔一例〕

天気しらべ（4月1日現在の3歳児組の例）

毎月のお天気調べ記入用紙

	日にち／じかん	1	2	3	4	5 6 7・・・	計 はれ	くもり	あめ
4月	9じ	☀	☀	☁	☂		○日	○日	○日
	12じ	☀	☀	☁	☂		○日	○日	○日
	15じ	☁	☀	☁	☂		○日	○日	○日

● 4月から翌年3月まで毎日記入（当番記入）

お天気調べ年間集計表記入用紙

		4月	5月	6月	7月	8月	9月	10月	11月	12月	1月	2月	3月	年間計	年間で感じたこと
9時	はれ	○日	○日											○日	
	くもり	○日	○日											○日	
	あめ	○日	○日											○日	
12時	はれ	○日	○日											○日	
	くもり	○日	○日											○日	
	あめ	○日	○日											○日	
15時	はれ	○日	○日											○日	
	くもり	○日	○日											○日	
	あめ	○日	○日											○日	

お天気調べの棒グラフ

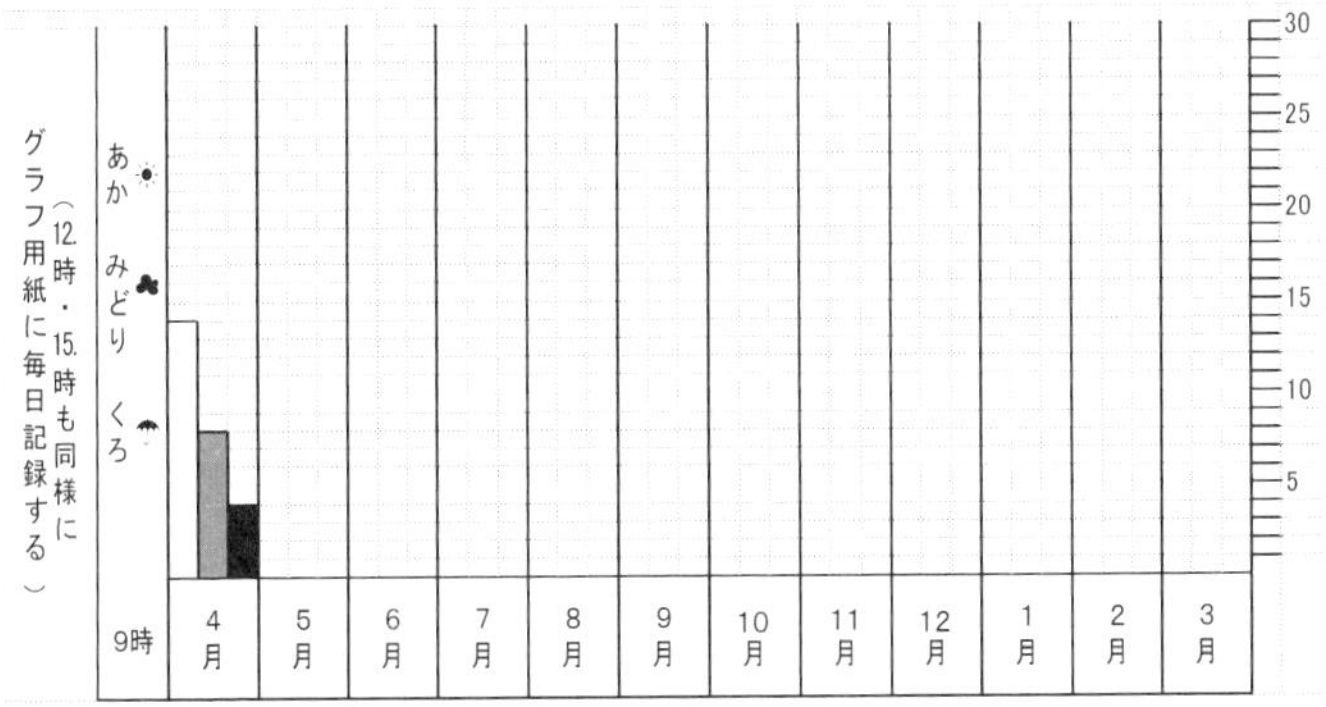

●グラフ用紙に毎日記入する。
●12時と15時も同様にする。

〔二例〕

影しらべ（４月１日現在の４歳児組）

●毎月１回影の位置を図表に表現する。

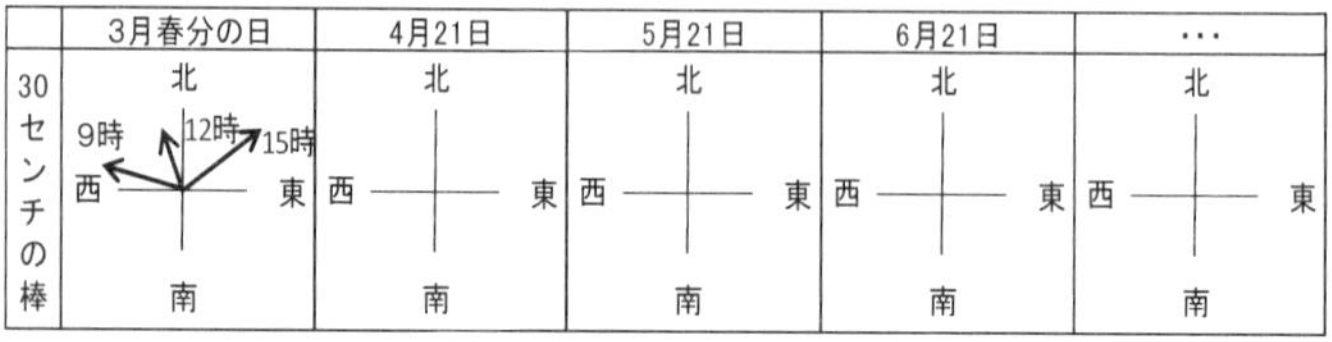

毎日の影の長さ（グラフ用紙使用）

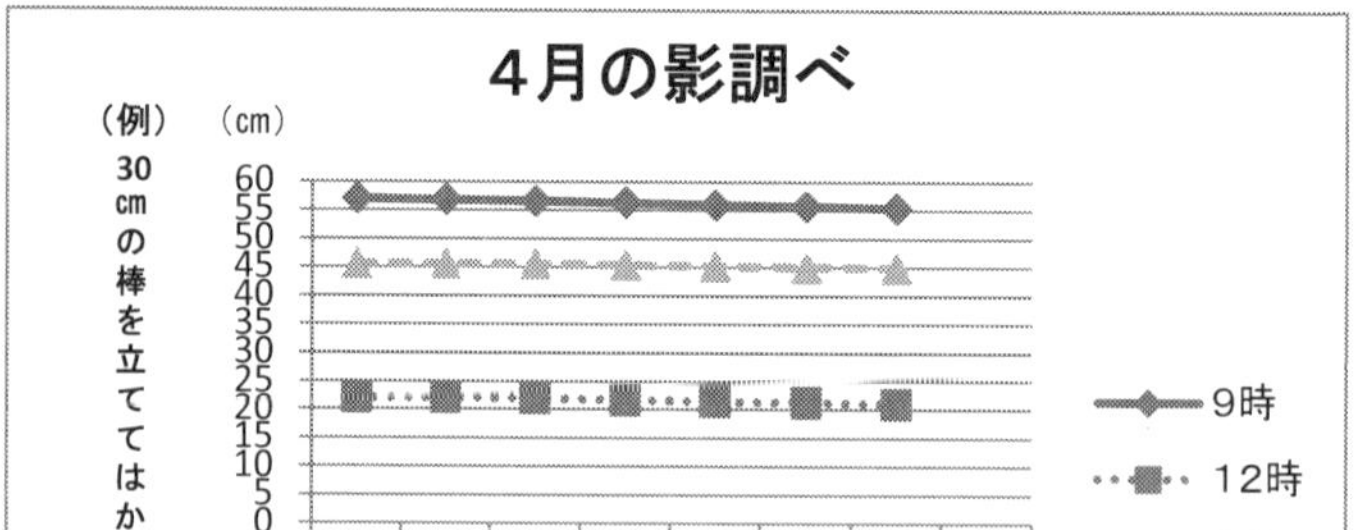

	1日	2日	3日	4日	5日	6日	7日	8日
9時	57	56.8	56.6	56.3	56	55.7	55.4	
12時	22	22	21.9	21.6	21.4	21.2	21	
3時	45.6	45.6	45.5	45.4	45.2	45	44.9	

●線グラフと数字で記入

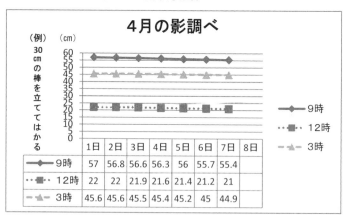

〔三例〕
気温しらべ（４月１日現在の５歳児組）

●毎月の気温調べ記入用紙

	日にち / じかん	1	2	3	4	・・・
4月	9時	14℃	12℃	13℃	14℃	
	12時	19℃	18℃	19℃	20℃	
	15時	19℃	19℃	20℃	20℃	

毎月の気温調べグラフ

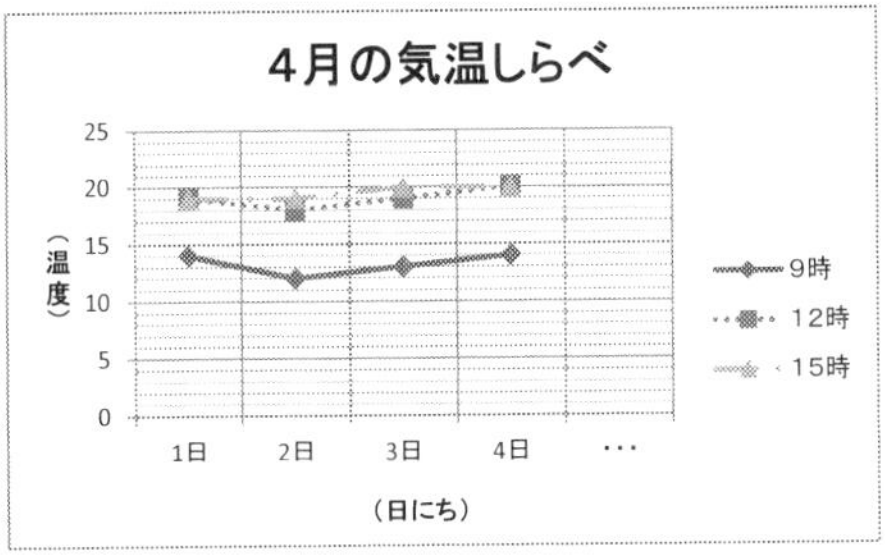

●折れ線グラフ用紙で記入

風の方向調べ

	日にち / じかん	1	2	3	4	・・・
4月	9時	南西	西			
	12時	南西	南東			
	15時	西	北東			
1カ月計	9時 12時 15時	西の風　〇〇日 南西の風　〇〇日 南の風　〇〇日 南東の風　〇〇日		東の風　〇〇日 北東の風　〇〇日 北の風　〇〇日 北西の風　〇〇日		

「一定コース」を歩いての子どもの声

子どもの直感と大人の感覚との危険なずれ（食い違い）の一例

【子ども達の会話】

・「お月様は太陽と同じ東からでるよなあー！」

・「こっちからも出るよ」…と西の方向を指さす

・「そうだ、そうだ、東からも西からも出る」

・「そうだ、そうだ…どちらからも出てくる」

この時、側にいた新人保育者三名が「クスクスクス…」と声をだして笑い始めたので園長は急いで眴《めくば》せして止めさせる。

笑った保育士は「西から～」と言った子どもの意味を全く理解することが出来てなかった。

子どもは新月が西の山端から姿を表し、間もなく再び西の山に消えて、日とともに出る位置が東に移動して、満月になるという…この流れを直感で見抜いていたのに。

・「太陽は丸いのに、お月様はどうして形が変わるのかなあー色も変わるし…」
・「太陽はいつも丸いけど、色は変わるよ」
・「そうだね、大きいお月様が東の山から出てきたのを見たら、お月様なのに太陽のような色でびっくりした！」
・「お月様を僕、夜見た時と起きてから朝見た時は、形は同じなのに反対を向いていたよ。どうしてひっくり返ったのかなあー？」
・「色も夜と朝では違うよ」
・「朝は白っぽい」
・「白色と水色のときも見た！」
（T）「みんなが見たお月様は何色だったの」
・「濃い橙色を見た」「黄色」「赤もあったよ大きい太陽のような月は」「うす

い黄色」「白」「肌色」「白と青」「ねずみ色」「雑布で拭いた色」（うす雲の上の月）「黒色！先生見たか、僕お父さんと見たよ、月食だよ」…などなど。

（以上は三歳児～四歳前半児）

・「先生！朝や三時のおやつ頃の影は長いのに、お昼のご飯の頃は短くなった！あっ！影がなくなった！」（夏）

・「そうだ！太陽があんなに高いところにいるからかなあ！」

（影ふみごっこをしていて　二～三歳児）

・「みんな見てー！十二時なのに影はまだゝ長いよ、夏は短かかったのになあー！どうしてかなあー！毎日かなあー！みてみよう」

（四歳児A）

【太陽の光が戸の隙間から一直線に差し込むのを見つけて「キャッ！キャッ！」いいながらみんなで踏んで戯れている時】

・「みんな見て！早く！お部屋の天井でゆらゆら光っているよ、どうしてかなあー！太陽はお空なのに？これは何だ！でも面白いなあー！」

【ガラス越しの光が鏡に反射している夏の一場面】

（三歳一カ月児～二カ月児）

・「先生！今日、曇のち雨言うたんよ、あっ！やっぱり降ってきた、雨が降ってゴロゴロ言うた、太陽はやっぱりでてないよ」

・「僕なあー、宇宙戦艦ヤマトに乗っている一番偉い人なんよ、太陽と月を山に登って取ってやるからな！」…と言いながら藁山に登る

（三歳二カ月児）

【キラキラと照り輝く太陽を見て（七月二十一日）】

・「あっ！太陽がかくれた」「出た！」「また消えた」「ついたー！」「よかったなあー、太陽がついて」「消えて暗くなったらお化けがくるもんな」

・「僕、太陽を網でとるよ」

・「私も、僕も…」…とそこにいた全児が口々に

（T）「太陽が網でとれるの」

・「トンボやヤゴを採った時、楽しかったなあー！太陽も網でとれるよ、先生！早く網をだして！」

・「太陽あっちにあるわー！」
（といいながら陽射しが照りつけている園庭の地面めがけて「パタ！パタ！…」と網を叩きつけたり、押さえたり、空中めがけて振り回したりしている）
・「まぶしい」「太陽はとれんよー」
・そして三日目にA児がとんできて
「先生！わかった！この網なあー、穴が一杯あるから取れんかったんよ、穴のない網を借して、もう一度とるから」
・他児達も「そうだ！この網穴だらけだ、穴から逃げたんだ」「そうだ、そうだ」
（T）網の上を布袋で覆う
（子ども達、再び太陽に向かって夢中で、トンボを捕るように今度は網を空中に振り回している）
・「まぶしい、やっぱり取れん、太陽は上の方にあるんだ」
・「UFOに乗ったらとれるかも」「とれんよ」
・「お月様も上の方にあるからとれんよ」

・「お月様と太陽なあー、けんかしたから一緒におらんのよ」
・「お月様とお星様が仲良しで一緒におるんじゃ」
・「そうじゃ、お日様が怒るからじゃー！」
・「喧嘩して太陽とお月様が追いかけっこをしている」

【夕方に東に月、西に太陽が出ているのを見て】
・「いい気持ちだなあ！お日様が笑っている…」

【レンゲ畑や藁山の上に仰向けに寝ころんで】
（三歳三カ月〜四歳一カ月までの子ども達）

【日食をみて】
・「僕なあー、太陽とお月様が合体《がったい》するのを見たよ、暗くなったけど怖くなかった」

【台風の日】
・「わあー！台風が止んだ！黒い雲が競争してあっちへどんどん逃げていく、面白いなあー！」

・「雨も風もあっちへいった」
・「葉っぱや紙もあっちへ飛んでいる」
（T）（風タンクを画用紙で作って、子どものいる所にそっと置いてみる）
・「わあー！風タンクだ、風タンクが飛んでいく、待て！待てー！」
（大騒ぎをしながらみんなで追いかける、その後、自分たちでいろいろの方向に風タンクを置いて見ている）
・「ここに置いたら飛ばないよ、ここに置いても駄目！どうしてかなあー！」
（みんなでいろいろこころみているそのうちに）
・「わかった！風がこっちから吹いとるからじゃ。おい！こっちからだ、転がるよ」
・「わあー！転がった」「こっちからでないと転がらんよ」（風向きに気づく）
・「風タンクも風が吹いたら回ったけど、風車も風で回るよなあー！」
・「紙で作った風車は口で「フー」と吹いても回るよ」
・「扇風機はどうして回るのかなあー」
・「地球も太陽も回っていると本に書いてあったよ、重いのにどうして回るのかなあー！不思議」

（三歳六カ月～四歳児）

・「雪も雨も上から降ってくるのに、色も形も違う、どうしてかなー！」

・「氷は上から降ってこないよ」

・「でも雹《ひょう》が降った時みたら、小さい氷だったよ」

・「雲も太陽も僕のいくところにどこまでもついてくる、走っても！止まっても、おかしいなあー？どうしてかなー？」

・「風もついてくるよ」

（二～三歳児）

【真夏の太陽をみて】

・「みんな見てー！今日の太陽はキラキラと金色だ！ピカピカ光っている！」

（三歳児A）

・「昨日は銀色だったのになあー！どうして昨日と違うのかなー！」

（三歳児B）

・「冬の寒い時は橙色だった」（三歳児C）

・「どうして太陽の色が違うのかなあー！」（三歳児C）

・「朝と昼と夜の太陽の色も違うよ」（三歳児D）

・「そうだ、そうだ、明日《あした》もよく見てみようよ」（三歳児E）

・「今日の雲、面白い形をしている、大きな雲なのに、何故お空に浮かんでいるのかなー?何故落ちないのかなあー！」

・「雲が動いている、あんな高いところに何かがいるのかなあー！」（冬の一日・四歳児）

・「雲にはエンジンもないのに、どうして落ちないのかなあー！」

・「雲はどこにいくのかなあー！」

・「海の水はどうして塩辛いのかなあー！」（四歳六カ月～十一カ月児）

・「それは塩があるからじゃ」

・「どうして海の水だけに塩があるのかなあー、川の水はからくないのかなあー?」

・「どこから海の塩はくるのかなあー？」
・「海の底に高い山があると書いてあったよ」
・「海は波も違うよ」
・「海の水は大波がパサ！バサッ！！」と音がしてくるもんね」
・「誰が綱引きのように引っ張ったり、ゆるめたりしているのかなあー」
・「川の水はいつも同じ方に流れているのになあー」
・「川の水と色も違うよ」
・「小川の水はきれい！サラサラ音をたてて流ている」
・「あっ！小さい魚が一杯泳いでいるよ、みんなみて！みて！可愛いよ」
・「みんな見て見てー、この本に、海の水をお月様が引っ張りようると書いてあるよ」
・「え！お月様がー！」
・「お月様強いんだね、力もちだ！」
・「わあー春の風だ！優しいなあー、気持ちがいいよ」

【縄跳びをしていて】

・「今日は西から風が吹いている、少し強い風だ、縄をしっかり回さないと跳べないよ」

この年齢は、太陽・月・星・隕石・雲・光・風・海の干満・電波・宇宙船…など宇宙に興味関心を今まで以上に強く抱き始めて、自分で調べたり友達同士で話し合いながら調べたり架空のヒーローになって体で表現したり、絵の中にも楽しんで夢を表現する。

（五歳～五歳五カ月児）

・「私、海に行った時、ナイロン袋で海の水を汲もうとして、ナイロン袋の口を、川の水を汲むように傾けたら水が汲めなかった、それでね、川の時とは反対にナイロン袋の口を波がきている方に向けたら、汲めたの」

・「水って面白いね、みんなでいろいろ調べて見ようよ」

この年齢は特に科学図鑑や科学雑誌（ニュートンのような）にこれまで以上に興味、関心を示すようになる。

〔一例〕

絵を描いても太陽から地球に階段が降りていて、太陽の国へ行き来したり、木星からブランコが垂れていて、そのブランコに乗って嬉しそうに漕いでいたり、宇宙船に乗って太陽や月や星の間を飛び回っている自分達の姿を全紙一枚にグループで描きまくって楽しんでいる。

※反面、この年齢は（無意識に）大人が下手に教えると、子どもは鋭敏な五感を失い始めて、大人同様固定概念化する傾向が見られ始める危険な年齢。

（例）「お月様の色は？」の問いに「黄色」と一色のみ答え、再度尋ねると、しばらく考えて「橙もある」…と二色程で固定概念化してくるなど。

（五歳六カ月～六歳十一カ月児）

【雨と霧をみて】

・「先生見て！、お空から雨が一杯降ってきたと思っていたら、あっちのお山からもこっちのお山からも、もやが一杯、お空の方にあがっている、どうしてかなー、おかしいでしょう。雨はお空から降ってくるのに、どうしてもやは下からお空の方へあがるの？同じ水でしょう、どうしてかなあー」

（四歳児Ａ）

・「お風呂の中の湯気だって上にあがっていたよ」

（四歳児Ｂ）

・「そうだ！同じ水なのにねー！」

・「ホースで野菜に水をやっていたら虹ができたよ、きれいだった、面白いけど、でもどうしてホースからでた水に虹ができるのかなあー！」
（四歳児）

【氷柱で遊んで】

（T）保育者の一言の声かけから
プールでしっかり泳いで水からあがり始めた子ども達に
（三～四歳児）
（T）「みんなこの大きな氷をプールの水の中に入れてみたら…」
・「そうだ！入れて見ようよ」（四歳A児）
・「でも冷たいよ」（三歳B児）
・「大丈夫だ、さあ！みんな持って！いいか！持ち上げるよ」（四歳A児）
・「よいしょ！」「重くてだめだ」「重いよー」…口々に
・「みんなもっと来てー！手伝ってよ」（四歳A児）
・「一、二の三！ヨイショ！やっともちあがった、ヨイショ！ヨイショ…」

・「水の中に入れるぞ、みんなよいか、一、二の三！」（四歳児A）
・「ドボーン！」
・「あっ！」「わぁー！」「どうして？」
・「あんなに重かった氷が浮いている」
・「どうして？」
・「何故？浮くの？」
・「大きな石のように重いのになあー！」
・「石は水の底に沈むのになあー、氷は何故浮くの？」
・「不思議だ、どうしてかなあー？」
・「僕達も。もう一度プールに入ってもいい。先生？」
（T）「いいよ」
・「あれえー！僕達が氷を持って泳いでも沈まないよ」
・「面白い！」「面白い」「でも不思議？あんなに重かった氷が浮くなんてねえー？」
・「氷は水でできているんだよねえー！それなのにどうして？」

・「わあー。氷が段々小さくなってくる」
・「とうとう解けてしまった」
・「やっぱり氷は水のかたまりだったんだ」
・「でも水の中でどうして浮くのかなあー」
・「石とは違うね、でも大きい石のように重かったよねえー」
・「そして固まって、すきとおっていた」
・「氷はどうしたらできるかな」
・「寒い時にできていたよ」
・「先生！寒くなったら氷ができるか一緒にしてみようよ」

実験［事例］
（イ）同じ器（質、大きさ）の中に、同じ量の水を入れて、それぞれの器の中に子どもがいろいろのものを探してきて入れる（三一頁図イ）
（ロ）大きさが同じで、材質が異なる容器の中に水は同量（三一頁図ロ）
（ハ）材質が同じの容器で、大きさが違う容器の中に同じ量の水をいれる（三

○頁図ハ）

（二）材質は同じ、大きさも同じの容器に、水の量が、一杯、二杯、三杯…と量を違えて入れる（三〇頁図ホ）

以上を子ども達で作って（保育者が側で見ながら）日向と日陰（昼間の）に帰宅時に置いて翌朝みんなで観察する。

子ども（イの例）

・「水の中にお砂糖を入れようよ」「お塩をいれたのも」「お酢も」「お醤油も」「ジュースも」「のりも」「ソーセージも」「葉っぱも」「ミカンも」「ミカンの皮も」「お花も」「石も」「砂も」…とみんながそれぞれの器に入ってる水の中へ入れていく

・「どれが早くこおるかな、おもしろい、あした早くこよーと、」「僕も」「私も」…

・「水が凍っているよ」

・「塩や砂糖の入った水は何故こおらないのかなー」
・「醤油や酢や油の入った水もなかなか凍らない」
・「面白い！みんなみて！石は下で、ねぎや花びらや葉は氷の真ん中で凍っている」
・「本当だ、面白い、面白い…」
・「わあー、プールの中のお水の中で、ザリガニが氷と氷に挟まれて（真中で）死んでいるよ」
・「どうして氷に挟まれたんじゃろう、可愛そうになあー、早く逃げればいいのになあー」
・「今日は太陽がでてきている、ザリガニ、ぬくい時に早う逃げればいいのに、瓦の下にかくれればよかったのになー」

（三歳児～四歳児）

○違う大きさで材料が同じ容器の場合（液体量も同量）

・容器の大きさの違い（例えば、大小のバケツの中に水を入れて比べる。）

図（ハ）

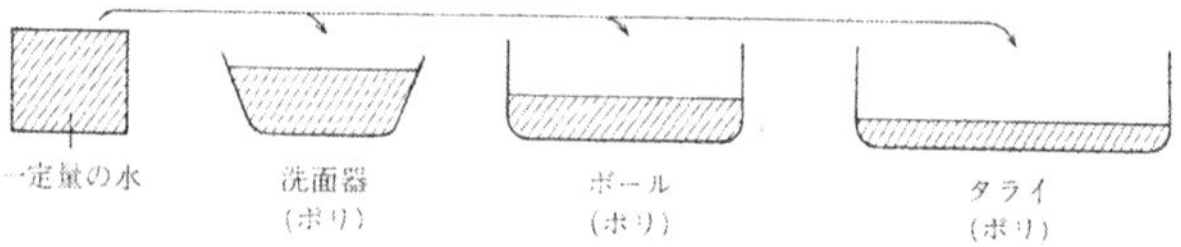

○同じ容器の場合

・日向と日陰の違い（同じ材質のアイスクリームの容器に、同量の水を入れて日向と日陰において見る。

図（ニ）

・水の量の違い（一定の容器で１杯の場合、２杯の場合というように）

（夜間に）

図（ホ）

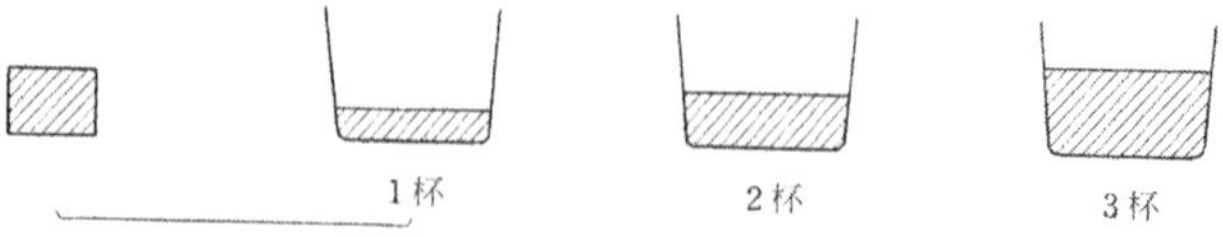

・凍らせるものの質の違い（水、塩水、醤油、酢、みかん汁、みりん、ソース、油などのように）（夜間に）
図（イ）

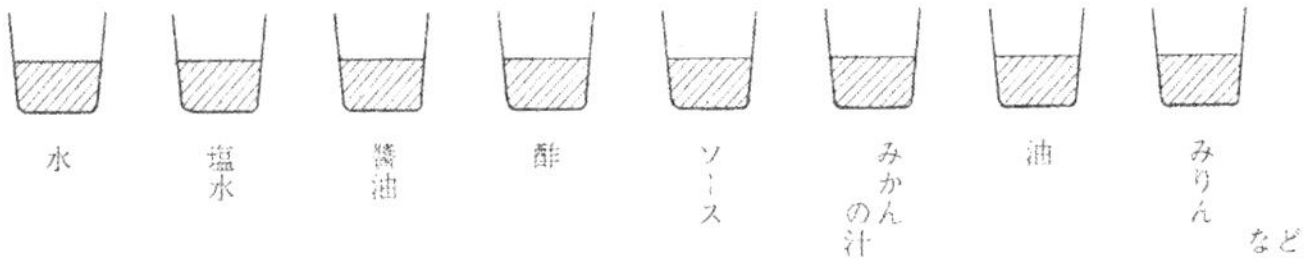

・水に浮かべるものの違い（花びら、葉、藁、石などのように）によって、氷ができたときに物の浮かぶ位置が違うことに気づく。
（花や葉は水の真ん中に、石は下に凍るなど）
図（イ）

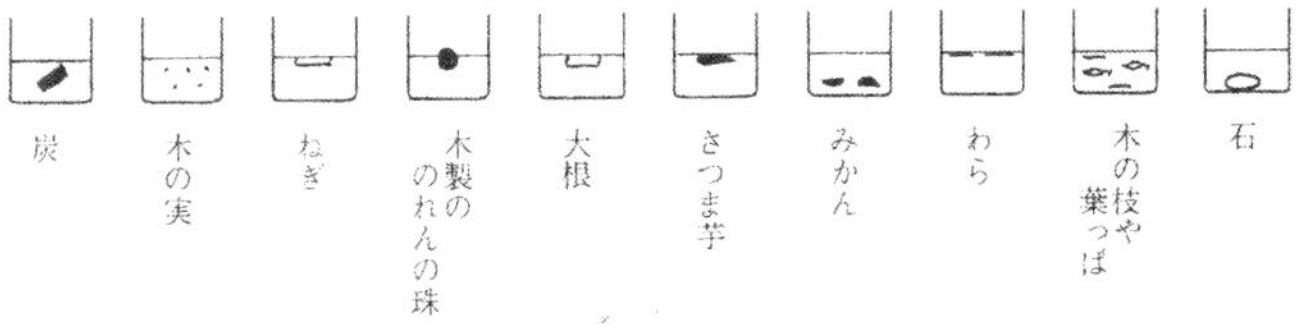

○大きさは同じで材料が異なる容器の場合（液体量も同量）
・容器の大きさは同じで質の違い（ポリ、金属、木製、発砲スチロールなど）
図（ロ）

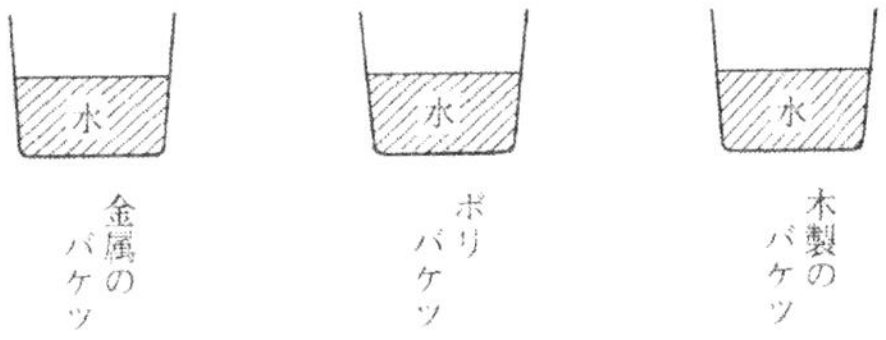

[事例2]

・「わあー！お山が大きくなってきたなあー」

・「お山の木に葉っぱが一杯になってきたからじゃがー」

・「やかましいよー！何蝉だ！つかまえて見ようよ」

・「やっぱりクマゼミだ、大きい」

・「ミンミン鳴いとったこの蝉は小さい」

・「あっ！見て見てー！蝉の脱け殻が、こっちにも、こっちにもあるよ」

・「大きいからクマゼミかな？」

・「やかましかった蝉の声が聞こえなくなったと思ったら、トンボも変ってきた。アキアカネが一杯飛んでいる」

・「アキアカネ、今まで何処にいたのかなー？」

・「蝉が鳴かなくなったら、こんどは草の中から小さいきれいな虫の声がきこえる、鈴虫？コオロギ？バッタ？それともキリギリス？みんなで探してつかまえて見ようよ」（博物館で虫を見てきたあとで）

・「わあー！面白いよ、先生！僕歩いたら草や土がサクサクサク…と鳴るよ」
・「本当だ！面白い」「面白いなあー！」
・「あっ！土の間に凍った氷がある、どうして？雨も降っていなかったのになあー！」
・「この氷、見て見てー！みんな棒のように立っているよ。面白い、でも不思議？」
・「わあー！みて、みて、ツクシが一杯」
・「みんなで摘んで帰ろうよ」
・「あれえー、ツクシの頭から緑色の粉が一杯でてきた！わあー、服にもついたー」
・「先生！ツクシを一杯つんで帰って、この粉を見てみようよ」
・「先生！なんでツクシの頭はわれているの、おかしいなあー」「亀のようじゃ」
・「先生！早く虫メガネを貸して！早く！」
・「ツクシの頭はおもしろいよ、亀さんの背中みたいなのが一杯ある」

・「わあー！本当だ、亀さんの背中の間から粉が一杯でてきている、これ何だろう」
・「みどりの粉、手にも服にも一杯ついた」
・「ツクシはこれがお洋服？面白いお洋服だなあー」（ツクシのはかまを採りながら）
・「あれー！バッタが飛んだ、すごいなあー、あんな方まで飛んでいった」
・「この殿様バッタは動かんよ、死んどるんじゃないんならお腹が空いとるんじゃや、バッタ何を食べるのかなー！」
・「草の中にいるよ、バッタ暗いおうちが好きなんかなあー」
・「バッタの足には鋸《のこぎり》がついているよ、ここさわってごらん、ギザギザしとるもん」
・「ここ、じっと持っていたら手が痛くなってきたよ」
・「バッタには目も口もしっぽもついている、バッタの目は黒い」
・「先生！このホタルおかしいよ、僕のおうちのホタル光っとんのに、このホタル光ってないよ、お尻が光ってないよ」
・「そうじゃ！光ったり消えたりしないのはホタルじゃないよ、ホタルは光ったり消えたりするもんな」
・「これお尻のところ黄色で描いてあるだけじゃ！だからホタルじゃないよ、この本はおかしいよ」（絵本の中のホタルの絵を見て）
（ここまでは三歳児～四歳児）
・「カエルが喧ましい！先生！裏の田んぼのカエル捕まえて見ようよ、いいでしょう」
・「どんなカエルが鳴いているのかなあー！」
・「そうだ！みんなで捕まえよう」
（T）「いいけど、田んぼ、草が一杯生えているからよく気をつけてね」
・「わあー！カエルが一杯いる！」
・「この田んぼ草が一杯！草の中にたくさんいるわあー！」
・「まて！まて！カエル！そーらつかまえた、このカエル土色《つち》だ！」

（ワイワイ騒ぎながら夢中で捕獲してナイロン袋に入れている）
・「もう袋が一杯だ」
（園に帰ってカエルを飼育箱（大きい）二個に移す、そのあと一人の子どもがアマガエルをガラス窓につけ始める）
・「わあー！このカエルくっついた」
・「僕も！」「私も！」「…」
・「おかしいなあー、このカエルなんで落ちるんだ、おい！しっかりくっつけよ！だめだ、くっつかない」
・「このカエルもドスーンと落ちてしまう」
・「どうして落ちるのかなー、おい！止まれよ」
・「やっぱり駄目か」
・「わあー、これは止った、やったー！」
（T）「もう昼食の用意をしないとね、カエルとよく遊んだから、新しいケースを用意（二個）したので、こっちのケースには窓に止ったカエルを入れてね、止まらなかったカエルはこっちのケースよ、間違えないようにね」
・「わあー、不思議だ！どうして？」
・「止ったカエルはみんな小さいアマガエルだ」
・「止まらなかったカエルはみんなアマガエルより大きい」
・「重たかったから落ちたのかな？」
・「そうだ！図鑑だ！探してこようーと」
・「あった！わかった、みんな見てー！」
・「吸盤というのがあるカエルとないカエルがいると書いてある」
・「本当だ、吸盤があると書いてあるよアマガエルは…」
・「もう一度見てみよう、アマガエルにはある」
・「こっちのケースのカエルにはないよ」
・「みんなカエルなのに、どうしてかなあー」
・「今度、吸盤のあるもの探して見ようよ」
・「そうだ」「そうだ」…

（五歳児クラス）

（海水に入ったままの蛸《たこ》が届く）

・「タコを机の上に出してもいい?先生」

・「わあー!すごい、大きなタコじゃ」

・「わあー、僕の手に吸いついた、いたいよー、早く、早くとってよー!」

・「このタコ強いんじゃ」

・「わあー、動いた、動いた!タコ、ペターッ!と机に吸いついた」

・「よーし、机から離してやる、わあー、タコ吸いついてもち上がらない、強い」

・「手に吸いついた!」

・「タコ、クニャクニャしとるけど力持ちなんじゃなあー!」

・「タコヌルヌルしとる」

・「タコ、面白い!足が八本ある、そして吸盤がある、いっぱい!だから吸いつくんだ」

・「タコおへそがある、おへそに何か固いものがある何だろう」…

（といいながら足のつけ根の穴に指の先を入れている）
（T）「みんなタコはどこにいるの？」
・「海にいるよ、海は広いよ」
・「海の水には塩があるから辛いよ」
・「そうだ！タコに塩をあげたらいいよ、僕、給食の先生にもらってくるよ」
（みんなタコの頭から足まで塩を次々にすりつけている）
・「わあー！タコ動かなくなった、塩あげたのに」
・「見てみろ、タコお星様になったよ」
・「本当だ、お星様だ」「お星様だ！」
（昼食後にタコを戸外で大鍋にいれて炊く、みんなはその回りで見学）
・「わあー！タコが持ち上った」
・「タコが立った！タコが怒った」
・「熱いんじゃや、タコ真赤になった」
・「足が丸くなった、あんなにグニャグニャしとったのに」
・「タコ！立ったら大きいなあー」

・「タコに目がでてきた、おかしいなあー鼻が向こうにあるよ」
・「そうだ、おかしいなあー、もう一度そっち見せて！やっぱりおかしい」
・「タコやきの看板のタコと違う」
（みんなしきりに首をかしげている）
（そして三時のおやつの時食べてみる）
・「おいしいなあ――」
・「タコグニャグニャしてない」
・「かたくなってる、面白いなあー」
・「足の吸盤も、もうひっつかない、不思議？」

（二〜四歳児）

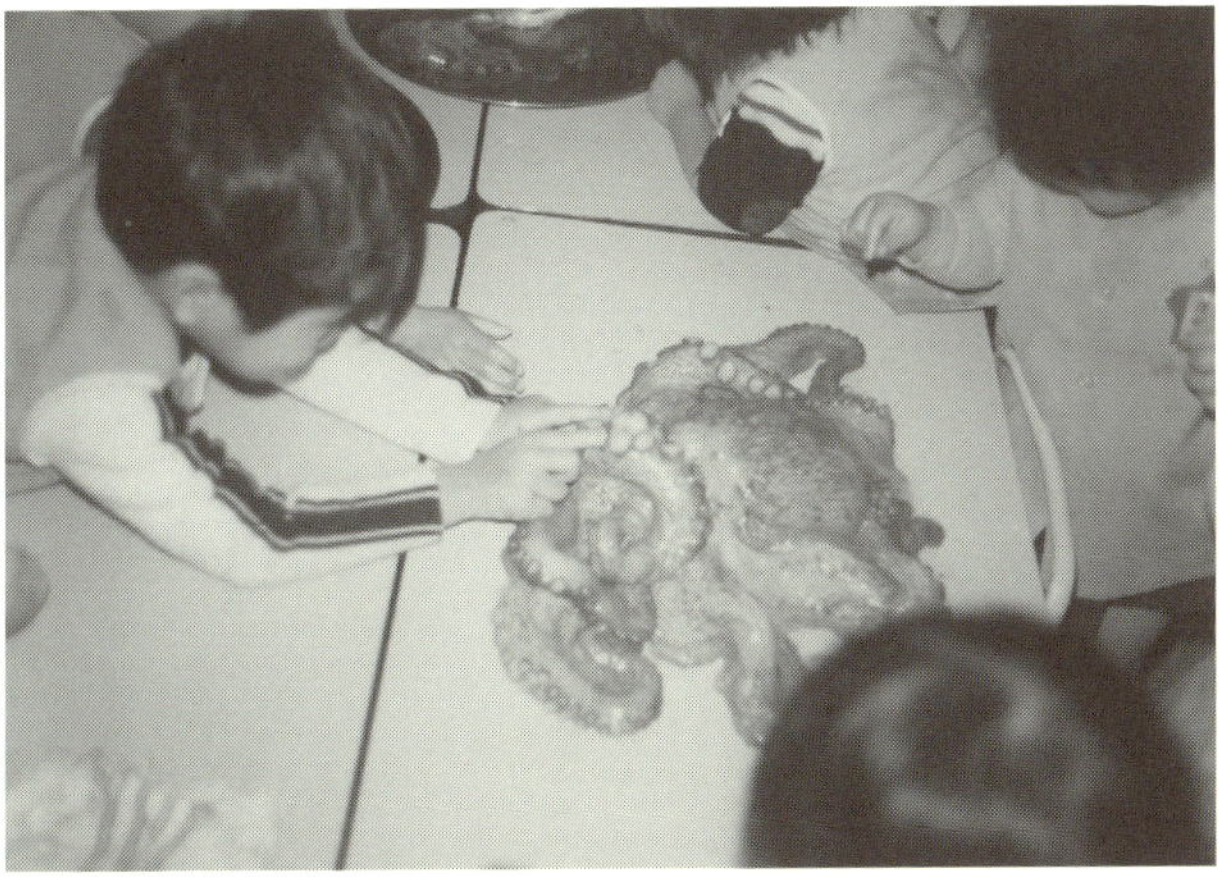

「くっついてちっともはなれない。」
「吸盤がいっぱいある。」

「やっと、机からはなれたぞー！」

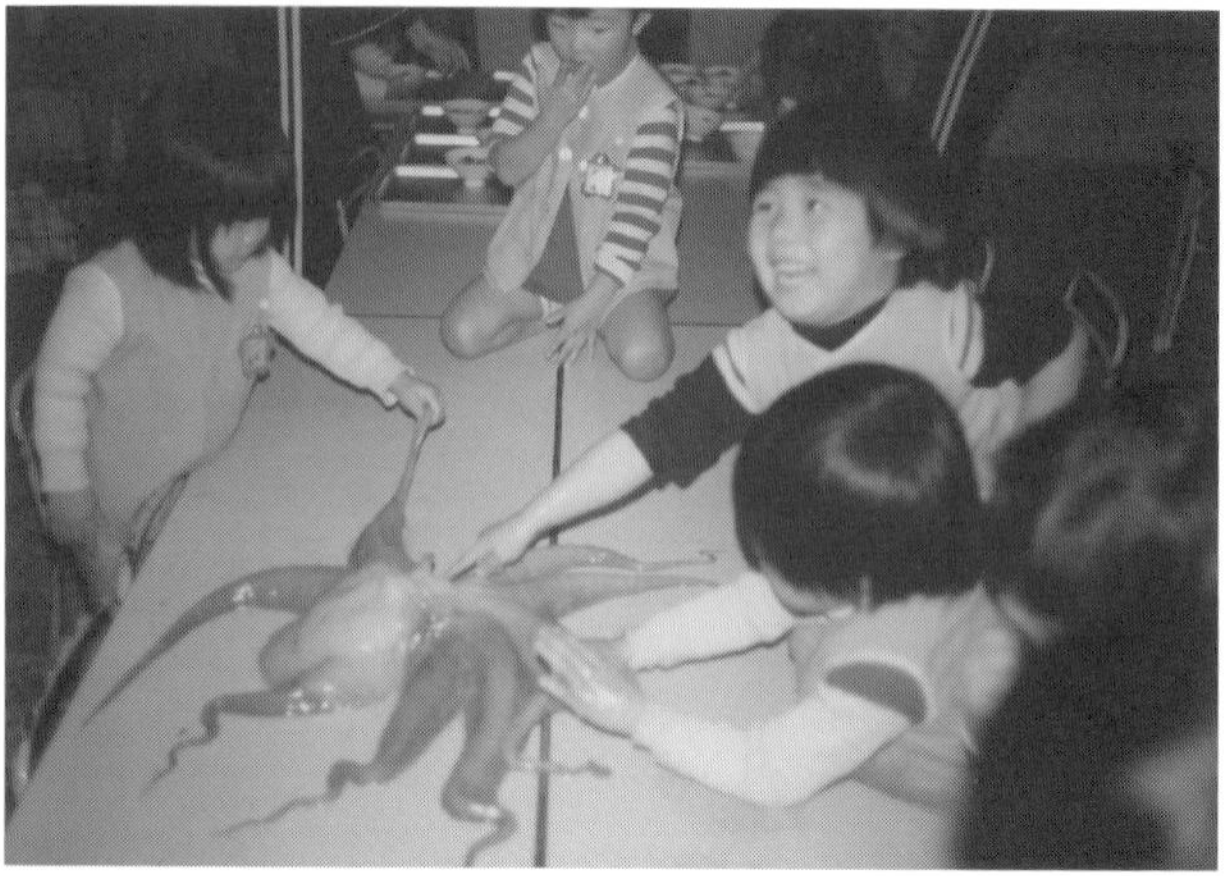

「海にいたんだ。塩をまぶしてあげよう。」

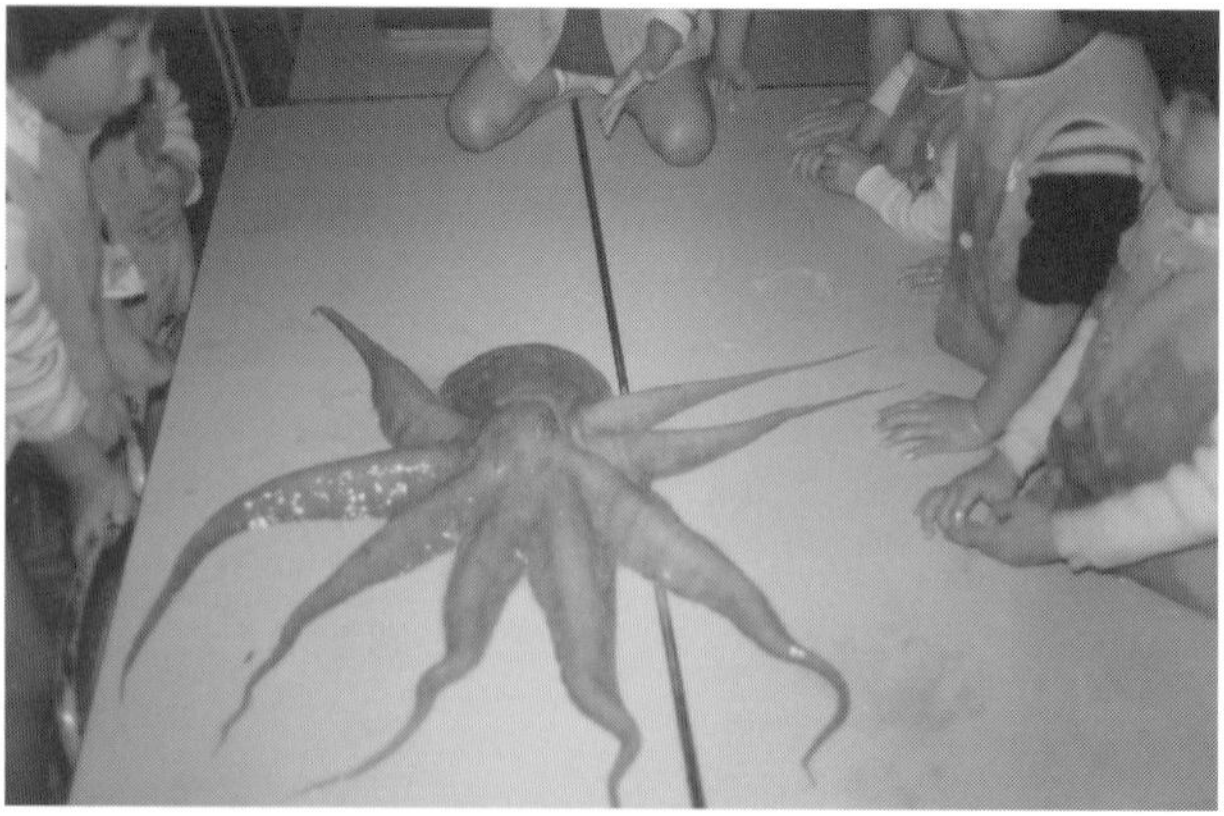

「あれ一死んだ！塩をまぶしたからじゃ。」
「先生が塩をまぶしてみたらといったからじゃ。」
「でも、海にも塩があるのになぁー。」
「でも、見てみて！蛸はおりこうだからお星さまになった！」

「おなべのお湯の中に入れたら蛸が立った。」

「大きいなぁ～。」

「でも、海にも塩があるのになぁー。」

「あっ！目と鼻が反対にあるよ。

　タコ焼きの看板をみて描いたのとちがうなあ。」

「事例３」

⑴一定コースを歩いて見た物、触れた物を自分達でも育てて見る

⑵育てた食材を使って加工してみる

このⅰⅱの体験を通して、それぞれの植物の生長過程の違いや、食材として変化していく過程の違いに気付き、比較する面白さや不思議な現象を、実体験を通して自然に身につけていく

一例

【稲】…種播きから生育過程、収穫、加工、使用方法までの工程を体験する

（イ）種籾《たねもみ》を選別して、消毒するまでの様子を見学する

（ロ）種籾を播いて、水やりをする過程を見学する（粳米《うるちまい》と糯米《もちごめ》の二種類）

（ハ）種籾から芽がでて、日、一日と生長していく過程を見学、観察する

・同時に園内でも、水盤に綿を入れ、その上から水を入れて綿をしめらせた

あと種籾を綿の上にきれいに播いて、芽や根が伸びる様子もみんなで実験してみる

> ※田植え前までに成長した苗が見られる頃に、源氏ホタルや平家ホタルが飛ぶようになることに子どもが気付くように保育者は声かけをしておくことも大切

（ニ）田植えのための、田ごしらえをしている様子を見学する（トラクターなどで）

（ホ）田植えを自分達でも体験してみる

・水田の中の泥の感触を足や手で体得する

・水田の中にいる魚や昆虫に触れる

（オタマジャクシ、蛙、アメンボウ、ミズスマシ、鯉、クモ…などに）

（ヘ）田植えから稲刈りまでの生育過程を観察しながら、絵や文字で記録する

・株の張りぐらい、茎や葉の様子、穂の出方、つき方、花や実のつき方や、稲全体の変様や穂先の変様…などなどを…

（ト）稲刈りを体験する

・鎌の持ち方、切り方を教えてもらう

・刈るときの「サク、サク、サク…」という心地よい音と手の感触を味わう

（チ）刈り取った稲を縄で束ねてみながら苗の頃と全く違っている茎や葉の感触を知る

（リ）乾燥から脱穀、籾摺《もみす》りまでの工程を見学する

（ヌ）籾摺りで分別してでた籾殻《もみがら》を燃やしている様子を見学しながら（燃え方や煙の様子を）燃えている籾殻の中で焼芋作りを体験させてもらう（前もってお願いしておいて）

（ル）収穫した米を使って、米が色々な食品に変化する不思議さ、面白さを体験する

【糯米《もちごめ》】

（イ）赤飯や山菜おこわやおはぎを作って食べてみる

（ロ）お餅作りを体験する

（白餅、豆餅、鏡餅、さくら餅、よもぎ餅、柏餅、あられ…などを作って食べたりお供えをする）

【粳米《うるちまい》】

（イ）ご飯を炊いて、おにぎりや巻き寿し、バラ寿し、いなり寿し…などを作って食べる

（ロ）パン菓子が出来あがるまでの工程を見学したあと、出来上がったパン菓子をおやつの時間に食べる（パン菓子屋さんに園内にきてもらって）

（ハ）甘酒の出来あがるまでの工程を見学、その後、甘酒をおやつの時間に飲む

（ニ）その他、お米が酢やお酒…などにいろいろ変化していくことなどを、大人に聞いたり、本で調べたりして、みんなで話し合って楽しむ（何故？どうして…と）

【芋類】

(1)さつま芋、じゃが芋、里芋、こんにゃく芋…など四～五種類の芋を同じ畠にみんなで植えて、種芋から収穫までの過程の変様を比較しながら遊ぶ（それぞれの芋の生長過程を絵と文章で記録していく）

（イ）種芋の比較

・形、大きさ、表皮の色、芽の出方、植え方の違い…など

（ロ）茎の伸び方、葉の形や大きさ、そして花の形や色…などの違いを比較する

（ハ）収穫時の芋のつき方、大きさ、数や形の違い…などを比較する

(2)それぞれの芋を調理しての実践例

①こんにゃく芋で「こんにゃく作り」

（イ）大きなこんにゃく芋の場合は、芋を四つ切りにして皮のついたまま湯がす。

（ロ）湯がした芋の皮を剥いで潰《つぶ》す

（※潰した状態の芋を口の中に僅かに入れて味を試しかけただけで、口の中が痺《しび》れるような苦さに、子どもたちは「キャー！」といいながらびっくり、）

（ハ）潰《つぶ》した状態の中へ炭酸ソーダ（または石灰か木灰）を入れて混ぜる

・それまでの臭いや苦(にが)さや色や固さ…までが急変して、とてもいい匂いと同時に苦みもなくなり、おいしくなる（この変様を子ども達が五感を通して体験する）

（ニ）（ハ）の状態のものを器に入れたり、手で適宜に丸めて形をととのえて、

再度熱湯に入れて完成させる
（ホ）出来上がった「コンニャク」は昼食時に食べる
（とてもおいしくてよい香りに子ども達はびっくりしている）

②焼き芋作り

（イ）籾殻を焼いている中へ、さつま芋をみんなにゆきわたるように投げ入れる

同時に、じゃが芋、里芋、こんにゃく芋（小さい）をそれぞれ一個ずつさつま芋同様に投げ入れて焼き上がった段階で、それぞれ四種類の芋をみんなで食べて味わい、どれがおいしいか比較する（いずれもアルミホイルに包んで焼く）

・どの芋が一番おいしいかな？
・どの芋が一番まずいかな？
・おいしそうな匂いは？…味は？…など比較して遊び込む

（ロ）それぞれの芋を輪切りにして、「七輪《しちりん》」の炭火の上で焼いて食べてみる、

どの芋が一番おいしいかな?まずい芋は?…など比較して遊ぶ

(ハ)その他、炊いたり、湯がしたり、蒸したり、つぶしたりするなど、いろいろな方法を試してみてそれぞれの芋がおいしくなる調理方法を体験して遊ぶ(比較する体験を通して)

(ニ)それぞれの芋のおいしい食べ方をみんなで話し合ったり、本で調べたりして、保育者と一緒に作って食べてみる

【豆類】

(1)大豆、小豆《あずき》、落花生、インゲン豆…など四~五種類の豆を畠に植えて(子ども達)種豆から生長する課程や収穫した時の様子など比較し、絵や文章に記録して遊び込む

(イ)種豆の違い、芽の出方、茎の伸び方、葉のつき方や形、花の色や形、実のつき方、収穫時の姿…などなど観察比較して絵や文章で巻紙に記録して遊ぶ

（ロ）それぞれの豆の利用方法を比較する

（実践例）

①大豆

・枝豆の段階の大豆を湯がして食べる

◎大豆を

・炊いて煮豆にして食べる

・臼で轢《ひ》いて、きな粉を作って、おはぎやおだんごを作って食べる

その他、本で調べたり大人から聞いて大豆は味噌や納豆やもやし…などになることを知り、味噌をみんなで実際に作ってみる、そして出来上がった段階で味噌汁などを作って食べてみる。

②小豆《あずき》

・赤飯を作って食べる

　小豆と小豆の煮汁で餅米を炊くと餅米の御飯が赤くきれいに染まっている不思議な現象を体験する。

・小豆を炊いて、おぜんざいやお汁粉を作って食べる

・小豆を炊いて餡にしてあん餅やおはぎを作って食べる…などなど

③インゲン豆

・炊いたり、湯がしたり、てんぷらなどにして食べる

④落花生

・煎って食べる

　落花生は他の豆と違って土の中に実ができていることに子ども達は「どうして？」「不思議？」と目を輝かせている。

「事例４」
（野草や樹木や果実を採集して）
（イ）摘んで食べてみる
・野草…ツクシ、イタドリ、野イチゴ、ワラビ、ゼンマイ、スイバ、フキ、キイチゴ、山ブドウ、カラスウリ、クワの実、フキノトウ…など
・果樹の実…ユスラ、グイビー、ザクロ、ミカン、キンカン、ブドウ、桃、梨、リンゴ、スモモなどなどを
（ロ）ジュースやジャム作り（スイカや桃やブドウ…などで）、（漬物作り、梅やラッキョウ…などで）を体験して「なぜ？」「どうして！」と楽しんで遊ぶ
（ハ）紙を作る
・雁皮《がんぴ》や楮《こうぞ》や三椏《みつまた》の木の表皮を煮てこまかく粉砕した汁で子ども達は紙のできる工程を体験する
・自分たちで作った紙を使って造形遊びを楽しむ

（二）染物をして遊ぶ

・四季折々の野草や樹木の幹や表皮や枝や葉や実や玉葱の表皮…などを大鍋で炊いて、その煮汁に布や毛糸などをひたしてみる

…同じ液の中に、絹と木綿の布、そして毛糸を入れると、どれが一番きれいに染まるかな？

…化繊と自然物（絹、綿、毛など）の布や毛糸が同じように染まるかな？どうして、色が違うのかな？「何故？」

…同じ煮汁を三等分にわけて、それぞれの煮汁を別々の器（三個の器）に入れて、一つ目の器の中の煮汁に媒染液の鉄、次の器の煮汁に銅、三つ目の器に明礬《みょうばん》という三種類の媒染液を入れて、同じ布や毛糸が、どのように染まるのか、比較してみる

・同じ布や毛糸、同じ煮汁なのに「何故？色が全く違うの？」「何故？」

「どうして？」「不思議？」…と魔法にかけられたように感動して目を輝かせている子ども達。

（ホ）笛を自然物で作って遊ぶ

・貝殻で、麦の茎（麦笛）木々や野草の葉（草笛…）などで

二、生年月日順に各年齢の子ども全児が常に行動するように見直す

見直しに踏み切るまでは、各クラスともに、四月生まれの子どもから翌年の三月生まれの子どもまでという、約一年に近い成長段階差のこどもたちが毎日、一つひとつの遊びを雑然とした形で展開してきていました。

この年齢集団を意図的に「生年月日順」に常に行動するという一つの基準を設定した遊び方法に全年齢を通して変更してみました結果、以下に述べますような好結果が見られるようになりました。

(1) 子どもたちにとっての効果

前記方法に変更しないまでは、「誕生日一覧表」が部屋に年間を通して貼ってありましたが、毎月の「誕生日を祝う会」以外は子ども達ばかりでなく保育者もふくめてあまり気にかけていなかったようだと反省する日々でした。年齢順に○歳児から就学前児までが毎日活動するように変更してからは、（イ）生年月日の遅い子どもに「○○ちゃんは僕より小さいんだものね、頑張ったら、もう少しでできるよ…」などと、暖かい声かけでやさしく見守り励ましている姿が見られるようになってきています。

そして、一つの壁を乗りこえた瞬間に、「よかったね、できたね」と共に喜び、「先生!・○○ちゃんができたよ!」と報告に飛んでくるという姿が見られるようになりました。

（ロ）反対に、生年月日の早い子どもが、一つの遊びにつまづいて、モタモタしている姿をみた保育者が、その子どもと一緒に、昼食後とか、帰宅前に再度頑張っていると「頑張って！」「わあー、おしい！もう少しだったのに！」「わあーやっぱりできた、よかった、よかった…」と、共に喜び共に感動している姿がたびたび見られるようになりました。

(2) 保育者にとっての効果

（イ）生まれ月の遅い子どもに「どうしてみんなのようにできないの、みんなが待っているでしょう、しっかりしてね…」などと、つい口にだしてしまったり、反対に生まれの早い子どもがモタモタしているのを見ると「何をしているの？こうでしょう、もう一度やってみて！」などと、つい大声をかけてしまう場面が多くて、あとで反省することが多々ありました。（自分の指導方法のミスに気づかないで）

そこで、以上のような失敗を繰り返すことのない方法を考慮に考慮を重ねた結果、どの遊び場面でも「生年月日順に年間を通して子ども達が行動するという一つの基準を設けましたところ、

（ロ）子ども一人ひとりの生まれた月日が常に頭に刻み込まれてきて、生まれの遅い子どもには、もう一度先生と一緒に頑張ってみようね、もう少しでみんなのようにできそうよ、そうそう上手になったね…」などと暖かい励ましの言葉で、ゆっくり見守ってやれる余裕をもつことができるようになりました。

（ハ）反対に、生まれが早いのに、つまずいてモタモタしている子どもに、早く気付くことができるようになって、みんなと一緒の場面で（朝の活動などで）出来なかった動きを、その日の昼食後とか帰宅前に、保育者と一対一の形で、再度または再々度、励ましながら再現してみんなと一緒の動きに追いつかせてやるという配慮ができるようになりました。

その上に、周囲で見守っている子ども達や保育者からも「頑張れー！」「もう少しだー！」「あっ！できた！」「よく頑張ったね…」と三者が一体

となって喜び合う姿が見られるようになりました。

（二）全年齢を通して「生年月日順」に行動するようになったことで、担任以外の全保育者の目にも各年齢の一人ひとりの子どもの動きが把握し易くなって、大勢の目で、動きが少し気になる子どもにも早く気付くことが出来るようになると同時に、一人ひとりの子どもに応じた補助や励ましの言葉をかけてもらうことができ易くなりました。

以上のように、一つひとつの遊びを年齢発達を考慮に入れないで雑然とした形で展開していた子ども集団に「生年月日順」という一つの基準を設定したことで、子ども、保育者ともに好結果が見られるようになりました。

三、図書室並びに購入図書の見直し

【実践例】
（偶然にみた子どもの姿から）

(1) 設置場所の変更

ある日、職員室の一隅に設置してある本棚の整理を先生がしなおしているところへ園長先生に用事があって、職員室に入ってきた数人の子ども達が保育者が参考に見るためと本棚の安定のために、本棚の下二段に重みのある図鑑類（宇宙や動物、植物、野菜類や乗り物）などを置いていると、いち早く見つけて「先生！この本みせて！」「見てもいい？」といいながら各自、我先にと図鑑をそれぞれ取り出して床に座り込み、言《こと》とも音をさせないで夢中で熱心に見入っています。（三～四歳児）

そして、その様子を見ていた他の子ども達も「先生！僕達も」「私達にも…」「中に入ってもいい？…」といって毎日押しかけるようになりましたので、新たに職員室に子ども用の机を用意して、「一回に六～七人づつよ」と子どもと約束して交代して見せるようにしました。

・その結果、このように好奇心に満ちたキラキラした目で本を見つめている姿は、別室に設置していた絵本や童話集の多い図書陳列室では見ることがありませんでしたのであらためて図書室の場所や購入図書の選定に、子どもと向き合いながら検討に検討を重ねてきました。

(2) 設置場所と図書の整理方法を見直す

① 職員室で園長や事務職員や保育者という大人が常に静かに書類と向き合っている姿を見たり肌で感じとる雰囲気が漂っている場に子どもは自然に溶け込んでいくことに気付きましたので、広い職員室の場合はその一隅に、反対に狭い職員室の場合は、隣接する部屋を透明ガラス戸にして、その戸

を開けると職員室と同室になるように設置変更をしました。

②子ども用のみの図書室でなく、大人用の図書も一緒に陳列した図書室に変更しました。

子ども用図書は、下二段目から（図鑑類）上で子どもの目に入りやすい段までに、童話や絵本、月刊誌（科学系や宇宙などの）を並べて下の一段には職員用の少し重量のある図書を置き（本棚の安定を考えて）子どもの手の届かない上段へは大人用の図書を並べるようにしました。

その結果

（イ）職員室で偶然見つけた「図鑑類」や「科学雑誌（ニュートン Newton）」…などに目を輝かせて見入っていた子どもたちの姿が日々見られるようになりました。

（ロ）絵本には余り興味を示さなかった（特に男の子が多い）子ども達が、保育者が見ても難しいと思う科学雑誌などの専門書に「何故？」こんなに興味を示すのか…？という疑問が頭からはなれなくなり、あらためて子ども達を観察すると同時に、子どもの邪魔にならない程度に時々、「この本面白い？どこが面白いの？」…などと尋ねて見ますと、「先生！ここを見てごらん！木星は太陽よりもぐんと大きいんだって！そしてなあー。茶色っぽいんだって！」「渦が巻いているんだなあー」「そうだ！そして地球のように青くないんだって！」…などと、大人が文字をひろって読んで理解する範囲の答えが子どもからかえってきて驚くと同時に、何故？絵を見てここまでわかるのか…と、子どもの鋭敏な的を得た感知能力での理解力にあらためて驚き「子どもとは？」を問い直す日々となっています。

（ハ）購入図書

・現在まで購入していた絵本や世界的童話集などに、あらためて図鑑や科学雑誌（毎月購入）を次々取り入れるようにしました

（ニ）整理方法の見直し

・すべての本は背表紙をきちんと揃えて立てて置く（子どもの目は大人と違って鋭敏なのでうすっぺらの本も背表紙で大丈夫）

・同じ系統の本は同じ場所にきちんと本棚に並べて置く

・AとBを子どもと約束することも忘れないように

四、食事方法の見直し

（子ども達が楽しく有意義に過ごす方法を探って）

【実践例】

(1) 食事時間を見直す

昼食の準備に取り掛かる時間を十二時からというように変更する

見直すまでは、昼食準備を早い時は十一時、おそくても十一時三十分に実施していたことの反省点として

（イ）遊ぶ時間（午前中の）が短くて盛り上がった充実間が欠落していた。

（ロ）特に三歳未満児にとって次のような問題点があったことを見逃していた、

十時のおやつを食べ終わってから十一時過ぎの昼食までは約一時間（食欲がなくても不思議ではない）そして十五時の間食までは約三時間という矛盾に気付き反省する。

(2) 食事時の場の設定を見直す

組別での食事方法から異年齢児全児（〇歳から就学前児まで）が一緒に食事をする場に設定変更する。

（イ）年長児と年少児が向き合って腰かけて食べるように設定変更する。

（ロ）全児の前で、食事時の導入から後片付けまで一貫して誘導する保育者は一日毎、または一週間毎というように全保育者が交代で誘導にあたるように変更する。（ピアノ当番も交代制に）

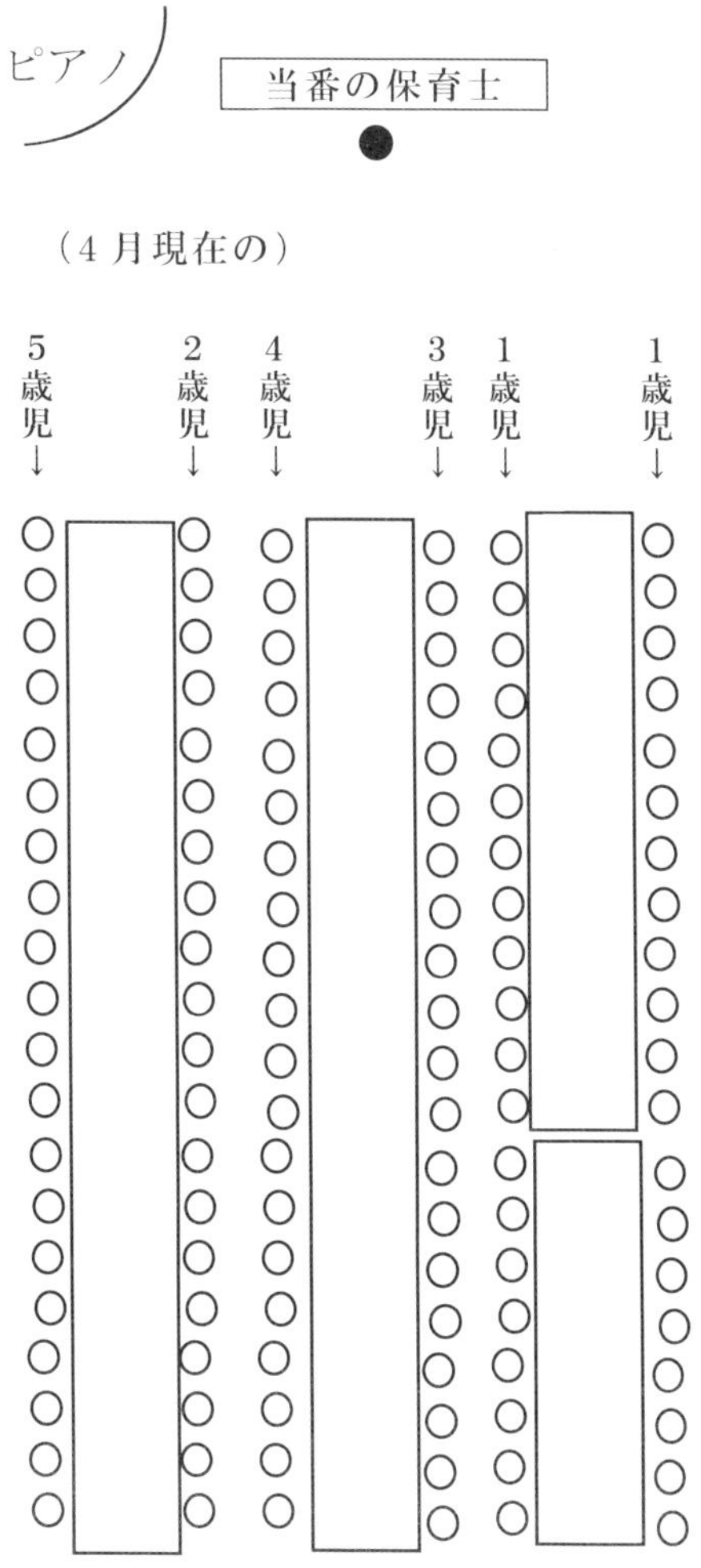

（ハ）他の保育者は、それぞれの年齢児の当番の子どもについて、食器の持ち方、配置場所、配る順番…などが順序よく正しく出来ているか、配られているかなど優しく側について見守っていく。

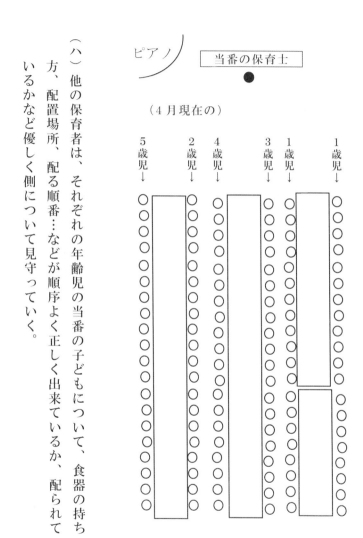

⑶ 食事時の導入方法を見直す

当番の子どもが全園児にきちんと配膳し終わるまでの時間帯に前記（ロ）の当番保育者は次のような導入方法（一例）で楽しい雰囲気を盛り上げていく。

（イ）ピアノにあわせて歌を三～四曲みんなでうたう（子どもは歌が大好きなので雑音が消失する）

（ロ）うたい終わって静かになったところで

・年長児全員で「百人一首五～六句を五回繰り返して唱える、そのあと前週までの句から今日までの句を続けて一回唱える。

（この時、誘導保育者はきちんとした文字で書いてあるカードをみんなに見えるようにさしだす）

・年長児が終わったら四月現在の四歳児が全員で「俳句」五～六句を年長児同様に五回唱えたあと、前々からの句と続けて一回唱える。（保育者は前でカードをさしだして）

・次は四月現在の三歳児が「いろはかるた」を五～六句続けて五回唱えたあ

と、前々からの句と続けて一回唱える。

（年長児同様に保育者は［に］［か］［ほ］…と書いたカードを前に差し出す）

・四月現在での二歳児、一歳児、〇歳児は年長児の唱えているのを聞いたり真似て口ずさんだりする。

> 大切なポイント
>
> A　年長児のように早く大きくなりたいと常に憧れている子どもの心理を大切にして年長児からはじめること
>
> B　「百人一首」も「俳句」も「いろはかるた」もカードに、きちんとした楷書の文字でみんなに見える太さ、大きさで書いておくことが大切

（八）次に、その日の九時と十二時に調べた天気や影や風や温度…などについ

て各年齢の当番がみんなの前で発表する
（ニ）特別のニュースが（宇宙や火山噴火や津波…など）あった時は保育者がみんなに知らせる
（ホ）配膳が終わった段階で、各年齢の当番の子どもが前にでて「いただきましょう」「いただきます」と音頭をとり、みんなも「いただきます」といって食べ始めます
（ヘ）全保育者もそれぞれの年齢の子どもの中に入って、子どもと一緒に食べます
（ト）早く食べ終わった子どもの様子を見ながら誘導の保育者は、みんなが食べ終わるのを待つ時間帯に「素話」をしてやります（紙芝居などは駄目、食べている子どもの手が止まるので）
（チ）みんなで「御馳走さまでした」のあいさつをしたあと、各テーブルごとに食器を上手に片付けます（同じ器を何枚か重ねて）
（年少児も年長児を見て自然に上手に片付け方を身につけていきます）

子どもにとっての効果

・年少児にとって常に憧れの存在の年長児が目の前の席にいるので、保育者の声かけがなくても、お兄さんや、お姉さんの一挙手一投足に目を輝かせて、食器や箸の持ち方、食べ方、片付け方など、動きから姿勢に至るまで、自然の形で真似ていく姿が見られるようになってきています。

・反対に年長児は、年少児の前なので、お兄さん、お姉さん振りを発揮して、正しい食器や箸の持ち方、食べ方、そして食べる時の姿勢から、食べ終わった食器の片付け方まで（各テーブル毎に同じ器を何枚か重ねて）丁寧に見本を示しながら暖かく見守る姿が見られるようになりました。

・また、偏食の多い年少児の場合、「〇〇ちゃん！ちょっとお兄ちゃん（お姉ちゃん）を見てごらん、おいしそうに△△を食べているよ、お兄ちゃんおいしい？〇〇ちゃんも上手に食べるからお兄ちゃん見ていてね」と保育者が側で声かけをして見守るだけで、年長児の温かい視線を気にかけて、しぶしぶ口に入れて食べ始めます。その瞬間を保育者は見逃さないで、「お兄ちゃん、見て！見て！〇〇ちゃんが上手に食べている、いい音がしているよ、お兄ちゃん聞こえた？」…と応援してもらえるように声かけをすると「聞こえたよ、カリカリ…といい音がしている、よかったね…」とみとめてもらい、それまでの渋い顔が「にこっ！」とした笑顔に変わって自然に偏食が矯正されてきています。

年少児にとって年長児という存在は保育者以上の魅力のある存在です

保育者にとっての効果

全園児の前で全保育者が交代して週毎に導入するように変更したことで

・新任の保育者はベテラン保育者達の導入方法や誘導方法や子どもに語りかける声の抑揚による子ども達の反応などを日々見聞することができたり、指導してもらうことができて、日々の研鑽の大切さと同時に指導方法をも早く身に着けるようになってきました。

・反対に公私ともにベテラン保育者と思われている人達にとっても、若い保育者と一緒の場の中では慢性化することなく、更によりよい見本が発揮できるように保育方法をいろいろと模索している姿が見られるようになると同時に後輩の指導にも生き生きと取り組んでいる姿が見られるようになってきています。

・また、調理師さんにも交代で子どもの中に入って、子どもと一緒に食べていただくことにしましたので、より調理方法をいろいろと工夫してくださるようになり、おかわりをする子どもも多くなって残飯がなくなりました。

第二章　行事の見直し（1）

運動会という乳幼児にとっての行事の意義と事例

子ども達は昨年に引き続き今年も四月から戸外で、年長児、年少児を交えた大勢の友達と、毎日、毎日、縄跳びや竹馬やボールや鉄棒や乗り物や跳び箱や吊り輪やかけっこ…などなど、身体全体を使って元気一杯、互いに励まし合い、競い合い、助け合いながら、繰り返し、繰り返し、楽しく取り組み、遊び込んで、体の細部の機能までを揺さぶり続けて、日を追う毎に柔軟で高度な技とスピードのでる身体に各年齢なりに成長して半年余りを迎えました。

そこで、秋晴れの爽やかな十月という大空の下で、身体面、精神面ともに、この半年間に成長した動きと姿を、お父さん、お母さん、お祖父さん、お祖母さんをはじめ、お兄さん、お姉さんや来賓の方々の前で発表してみていただきます。

同時に、保護者の方々や小学生達にも参加していただくように、プログラムの中に組み入れて、親子ともども和やかに盛り上がった一日を楽しんで過ごすことで、こども達の明日からの遊びにより拍車がかかり明るい夢を抱いて次の成長段階へと大きく羽ばたいていくことのできる大切な節目の行事です。

そして、保育者にとっても改めて、この半年間の保育方法の結果を全年齢を通して見つめ直すよい機会となります。

また、保護者の方々にとっても、家庭での子どもの姿と違った（イ）集団の中での我が子の姿を見ることができると同時に、（ロ）○歳児から就学前児までの成長にとって、年齢発達の一段階毎に見逃すことのできない大切なポイントをおさえた動きを見たり、聞いたりすることのできるよい機会となり、有意義な一日でもあります。

※　従ってプログラムの組み方がとても大切になります。

プログラム作成にあたって特に注意したい点
運動会という行事の大切なポイント

①年長児の活気に満ち満ちた美しさとスピードのともなった走り縄跳びで楽しい雰囲気を盛り上げて幕をあける

②演技と演技の繋ぎに間《ま》があかないように進行する（川の流れのようにスムーズに流す）

③○歳児から就学前児までの年齢発達過程がひと目でとらえられるように各競技を展開する

見学者だけでなく、全園児も全保育者も含めて過程がとらえやすいように一つひとつの競技を年長から順に年少児へ、反対に年少児から年長児へときれいに切れ目なく流すことが大切なポイント

プログラムの一例

①入場

…年長児から順次年少児（〇歳児まで）の順に入場する

②開会

…国旗および園旗掲揚、開会挨拶他

③ラジオ体操

…「第一」と「第二」を全児で

ラジオ体操の利点

（イ）各年齢（園児）を通して動きに無理がなくて、全身を動かすことができる

（ロ）老若男女を問わず、家庭でも、何処の場所でもそして一人でも、家族が揃っても、隣、近所の人達とでも楽しく共有することができる

④縄跳び遊び

⑴運動会の幕明けは、ダイナミックで、スピードと美しさを伴った勢いのある動きの就学前児の走り跳びから始めます。

（イ）開会式終了後、年少児から順次退場していく間に、就学前児は、前もって腰に巻いていた個人縄を解いて、年少児が退場し終える頃を見計らって、直ちに開会式の場所からトラックの円の外に、美しい走り跳びで出て、円周を一周します。

（ロ）次に個人縄跳びの動きを継続したまま、円の中で回転している大縄の中に一人ずつ飛び込んで、大縄と個人縄の二本の縄の回転の中で「前二重跳び」を五回、などきれいに飛んで次々に退場していきます。

⑵年長児が終わるのを見計らって、次は年中児、三歳児、二歳児組、〇〜一歳児組というように順次、年長児同様、円周を走り跳びで一周した後、円内の大縄に飛び込んで各年齢なりの演技をして退場します。

（別表八九頁を参照してください）

※保護者の方々への配慮　1

（イ）プログラム用紙に前もって、子ども達が毎日使用している「縄跳び紐」について次のように説明を書き入れておきます

・縄の材質…よりのきつい綿ロープで把手のついていない縄

・縄の太さ…直径八ミリの縄

・大縄の場合は縄の一方の端を必ず子どもが持つ（同年齢の子どもが最もよい）

※保護者の方々への配慮　2

運動会当日の受付の場所でプログラムに記載してある前記（イ）の項目についてより具体的でわかり易いであろう次のような内容の印刷物を一人ひとりに手渡してあげることが出来ればいいですね

⑴乳幼児にとって
把手がついていない縄が何故大切なポイントなのかについての説明
（イ）腕力および手首、手先、指先の動きおよび腕の力がまだ発達途中の就学前児にとって「縄という材質」と「把手の部分の材質」をいう二種類の材質を同時に回転させることは無理な状態です。
（ロ）（イ）の材質の違いにプラスして太さや重みの違いも子どもの遊びを促進させる上で大きく影響します。
⑵大縄の端の一方をこどもに何故持たせるの？
（大縄の回転速度が大切なポイント）
（イ）大人と子どもの身長の違いを常に意識して大縄を回すことが大切なポイント。（子どもは大人の約１／２の身長）

（ロ）従って、大人対大人で大縄を回転させた場合の一回転に対して、子ども対子どもでは二回転（昔の子ども同士の遊びでは身長が同じなので一回転できれいにとべた）となる。そこでこの子どもの速い回転速度の大縄の中でなら「ピョン！ピョン！」と子どもは上手に跳ぶことができるのです。

（ハ）しかし、就学前までの子どもの場合、園児同士で大縄を上手に回転させるだけの腕力がまだ備わっていない状態なので、大人がこの速い回転リズムを維持するために、縄の片方の端を跳ぶ子どもの年齢に近い子どもに持ってもらうという方法がとても大切になります。

（※年齢が小さい（二～三歳児でも）子どもでも両手で上手に補助してくれます）

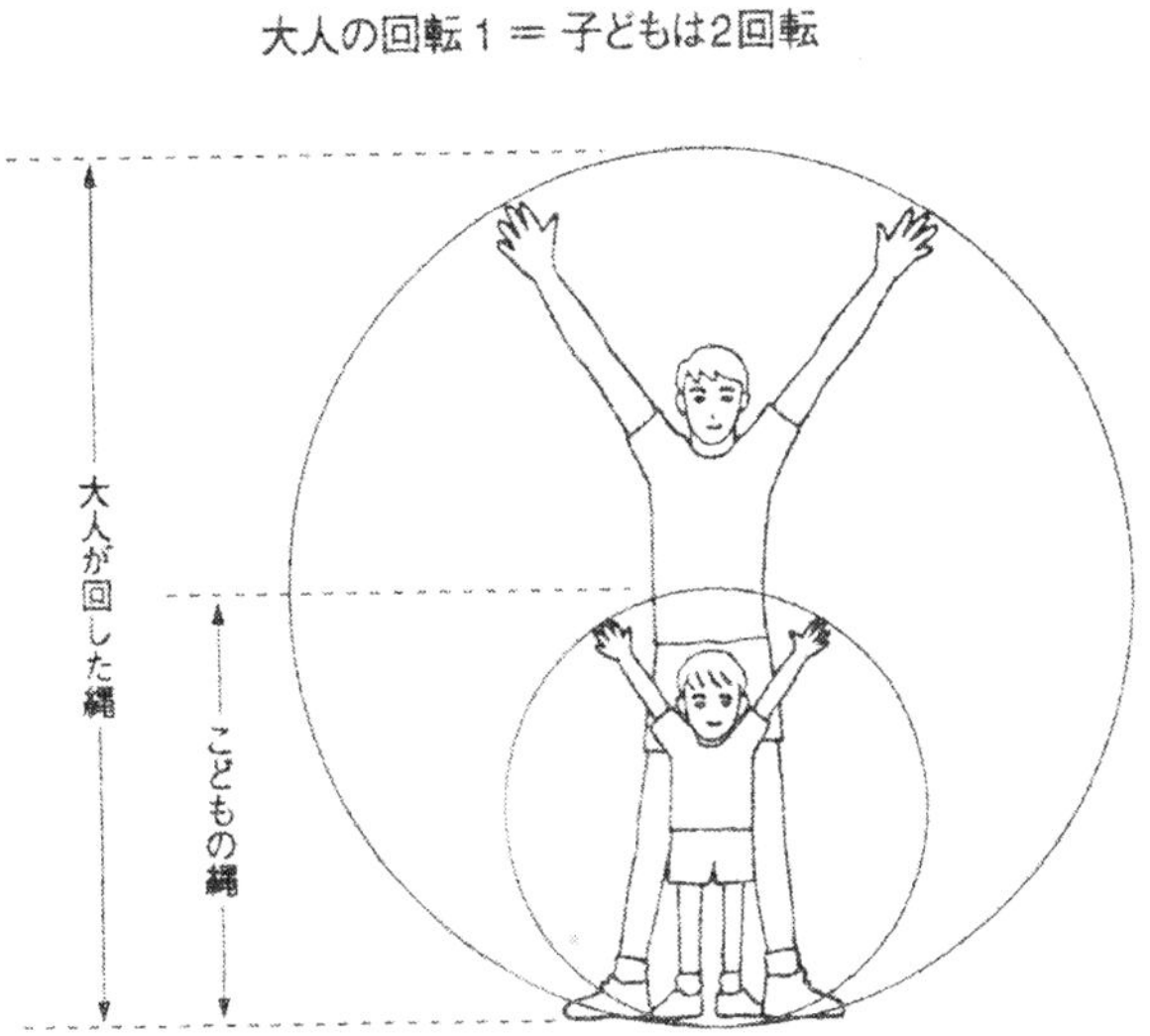
大人の回転1＝子どもは2回転
大人が回した縄
こどもの縄

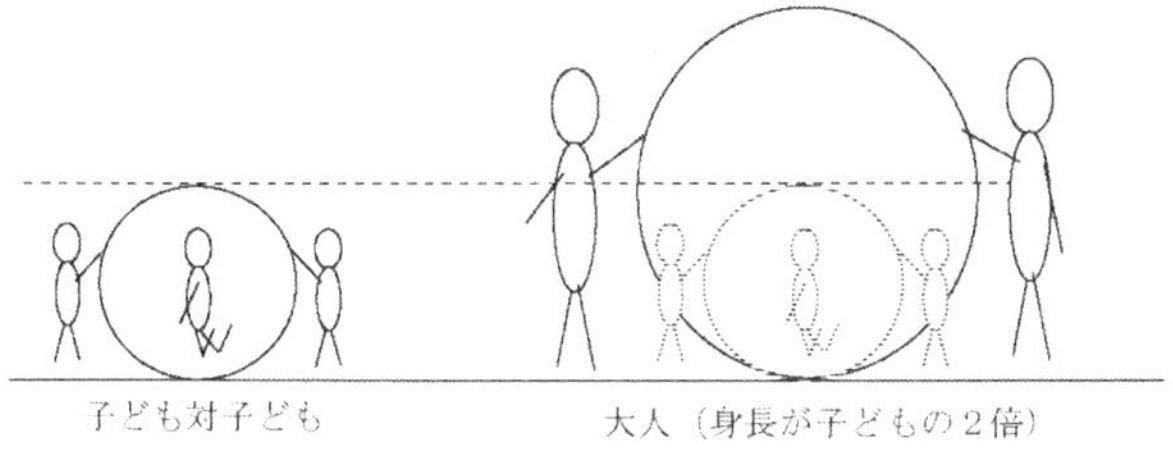
子ども対子ども
大人（身長が子どもの２倍）

⑤ボール遊び

ボール遊びは縄跳びの場合とは逆に、年少児（〇、一歳児）から順次、年長児へと成長過程に沿って進めていきます。（遊ぶ内容は別表八九頁参照）

プログラムの中に保護者に大切なボール遊びのポイントを次のように書き入れておきましょう。

毎日、使用しているボールの大切なポイント
（イ）よく弾むボール
（ロ）空気の調節ができるボール
（ハ）直径二十センチの「ボール二号」を全年齢児が使用

⑥障害物遊び

（イ）平均台、マット、飛び箱、鉄棒、吊り輪…などを用意して連続して跳んだり、回転したり…と楽しく遊べるように準備します。

（ロ）ボール遊び同様、年少児から順に年長児へと遊びを進めていきます。
（跳び箱なども三段から四段、五段…と年齢に応じて変えていくと同時に他の器具も増やしていくことができます）

⑦乗り物遊び

年少児から成長過程に沿って順次年長児へと進めていきます。

（イ）手押車やガタガタを押して（直線）
（ロ）三輪車で
（ハ）補助輪つき自転車で
（ニ）自転車で
（ロ）〜（ニ）：（円周を一周する）
（ホ）一輪車で
　というように

⑧竹馬遊び

三歳児以上で

年少児から年長児へと順次進めていきます。
（注　三歳児用の竹馬に使用する竹は少し細くて短い竹を用意しておきます）

⑨リレー競技

（イ）一・六歳以上三歳児まではスタートラインに友達四～五人が並んで直線または半円（約五十m前後）を「ヨーイ、ドン！」の合図で走ります。
（ロ）四～六歳児は、三色または四色の鉢巻のグループにわかれて、トラックを一周するバトンリレーを展開します。
（ハ）（イ）（ロ）の他に
四～五歳児組は、保護者対子どもでの走り縄跳びリレー競争を楽しみます。
（ニ）五～六歳児は保護者との競争の他に保育者との走り縄跳び競争（リレー）も楽しいです。
（以上、子どもの発達段階を通しての競技が切れ目なく展開表現し終ったあとで）

⑩玉入れ競争
年中児と祖父母や老人会の人で玉入れを楽しみます。
⑪小学生による縄跳びリレー他、を展開
⑫日本太鼓（年長児によってしめくくります）
⑬閉会式

3:6～4:5 歳児	2:6～3:5 歳児	0:6～2:5 歳児
→		縄跳びで直線を（0～1歳児は縄を手にもって）
→ → ・前跳び5回 前あや跳び 1回 →	○（3歳児） ・前跳び3回 ○（2歳6カ月以下からは個人縄なしで） ・前跳び10回 →	そのあと、大縄が回っている中を通り抜けて退場（一人又は補助されて） （2歳児から2歳5カ月児） ・大縄の中で前跳び5回 → で退場
→ ・右手、左手、交互つき各5回づつ（曲に合わせて）	・ボールつきで所定の位置まで（直線走りながら） ・右手、左手、交互つき、各10回づつ（曲に合わせて）	（0～1歳児） ボールを手に持って歩いて所定の位置に ・保育者と投げたりキャッチする （2～2歳5カ月児） 所定の位置まで直線を歩いて 右手10回 左手10回の交互つき （曲に合わせて）

	5:6～6:5 歳児	4:6～5:5 歳児
縄跳び遊び	・走り縄跳びで円周を1回り	→
	・大縄の中で 大縄⊕個人縄 ・前跳び3⊕ 前あや3⊕ 前交差3⊕ 前二重跳び5回 を跳んで退場	→ → （前跳び3⊕・前あや3⊕・前交差3⊕）→ 前二重跳び1回 →
ボールで遊ぶ	・ボールつきで円周を1周走って所定の位置へ	→
	・右手、左手、交互つき⊕足くぐり右、左⊕回転⊕その他の動作 （曲に合わせて） ・ボールつきリレー	・右手、左手、交互つき⊕上に投げ上げてキャッチするなど （曲に合わせて）

3:6～4:5 歳児	2:6～3:5 歳児	0:6～2:5 歳児
・平均台 ・跳び箱３段跳びこし ・マットで側転 ・鉄棒逆上がり⊕後ろ回り１回（１人でまたは補助されて） ・ハードル跳びこし	・平均台 ・跳び箱３段を跳ぶ ・マットで前転 ・鉄棒逆上がり⊕後ろ回り１回（補助されて）	・平均台 ・跳び箱３段の上に立ってマットに跳ぶ ・マットで前転 ・鉄棒逆上がり（補助されて）
自転車（補助輪付きまたは補助輪なしで）円周一周	三輪車または補助輪付き自転車で直線 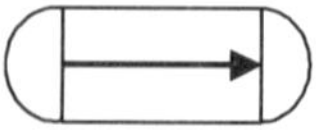	手押し車で直線を進む 三輪車に乗り地面を蹴って直線を進む
直線７ｍ （年長児より丈が短くて少し細い竹使用）		

	5:6～6:5 歳児	4:6～5:5 歳児
障害物遊び	・平均台 ・跳び箱 5 段跳びこし ・マットで側転と倒立前転 ・鉄棒後ろ回り 3 回 ・ハードル跳びこし ・2 人交代でねこ車で退場	・平均台 ・跳び箱 4 段跳びこし ・マットで側転 ・鉄棒後ろ回り 2 回 ・ハードル跳びこし ・スキップで退場
乗り物遊び	一輪車で （1）円周一周（一人で） （2）友達と手をつないで	自転車で円周一周
竹馬遊び	円周を一周して退場	直線トラックの円の中 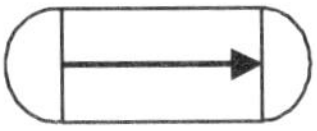

3:6～4:5 歳児	2:6～3:5 歳児	0:6～2:5 歳児
・3 組に分かれて（赤・青・黄組） （円周）	・4 ～ 5 人ずつで（ヨーイドンで） （円周）	・5 ～10 人ずつで（ヨーイドンで） （直線） 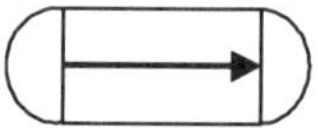

	5:6～6:5 歳児	4:6～5:5 歳児
縄跳びリレー	・保護者と または ・保育者との対抗リレー （円周）	・保護者との対抗リレー （円周）

第三章　行事の見直し（2）

生活発表会という乳幼児にとっての行事の意義と事例

春風に誘われ、桜の花咲く四月に、入園、または進級した子ども達が、保育園または幼稚園という友達や年少児や年長児の交った集団生活の中で、毎日、毎日、戯れ、競い合い、助け合い、励まし合いながら、繰り返し繰り返し楽しく遊び込んで、身体面、知的面の両面ともに各年齢なりに一年間を過ごして順調に成長してきました。その現在の姿を、お父さん、お母さん、お祖父さん、お祖母さんを始め来賓の方々など、大勢の方々が見守って下さる前で「見て！ここまで出来るようになったよ！」と自信に満ち満ちた姿で発表します。

そして、この貴重な一年のしめくくりの体験を通して次の進級への夢と希望をより燃えたたせ、ふくらませていくことのできる大切な節目となる行事です。

反面、保護者の方々にとっても、家庭内での姿と違った年少児・年長児の交った集団の中で育ってきている我が子の成長振りを見ることができる上に、○

歳からの大切なポイントを押さえた発達段階の姿をあらためて見直して頂くことの出来る貴重な一日でもあります。

そして、保育者も、あらためて自分達が一年間試みてきた保育方法を振り返り、反省点を見つめなおすことが出来る有意義な一日となります。

以上をふまえて「プログラムの組み方」がとても大切な要《かなめ》になります。

(1) 造形物の展示（部屋や廊下に）

①人物画

（イ）（父、母、友達、自分…のいずれかを全児が描いた絵）

（ロ）展示方法

・○歳児から順次年長児へと年齢発達に沿って展示する

②粘土や木工などを使った製作物を展示する

③染物を展示する

・草木染などで染めた作品…など

④織物を展示

・草木染の毛糸や布で作った作品や藁やむしろや縄を使って作った作品…などを

(2) 言葉や数や動きによる発表

①各年齢を通してスゴロク遊びで発表します

②発表順序は運動会とは逆に○歳から順次年長児へと進行します

③使用するサイコロは次に記します

④スゴロク遊びのルール

(イ) サイコロを振って、でた数字だけコマを当番が前に進める、その際、他の子ども達全児で「1、○○がでました、2、○○です、3、○○をします、4…」と言葉ではっきりと確認していきます。

(ロ) サイコロを振ってでた数の一カ所、一カ所のマスの中の内容を確実にみんなで再現しながら前に進めます。

（ハ）サイコロに記入する数字は、就学前児までの子ども達なので、例えば三個のサイコロを使う場合でも、振ってでた数を足しても、あともどりしないマイナスにならないで前に前にと進むように考慮しておきます。

使用するサイコロ	
	絵で表示　（例）ズボン・ボール・棒通し・鈴…のように
	1～3までの数字　または　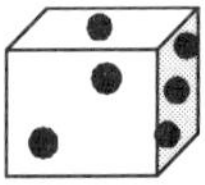　1～3までの丸印
	1～5までの数字 1、2、3、4、5、5
	1～6までの数字
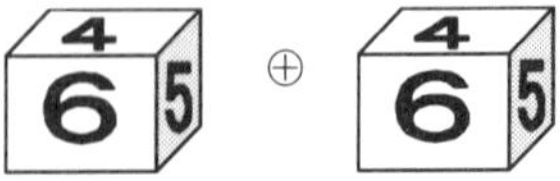	1～6⊕1～6の2個使用
	1～6⊕1～6⊕ (-1)、(-2)、 (-3)、4、5、6 の3個使用

年齢	
4月1日時点	発表日3月時点
（0歳児組）	
3カ月～11カ月	（途中入園がある） 3カ月～1.10カ月
（1歳児組）	
1歳～1.11歳	1.11歳～2.10歳
（2歳児組）	
2歳～2.11歳	2.11歳～3.10歳
（3歳児組）	
3歳～3.11歳	3.11歳～4.10歳
（4歳児組）	
4歳～4.11歳	4.11歳～5.10歳
（5歳児組）	
5歳～5.11歳	5.11歳～6.10歳

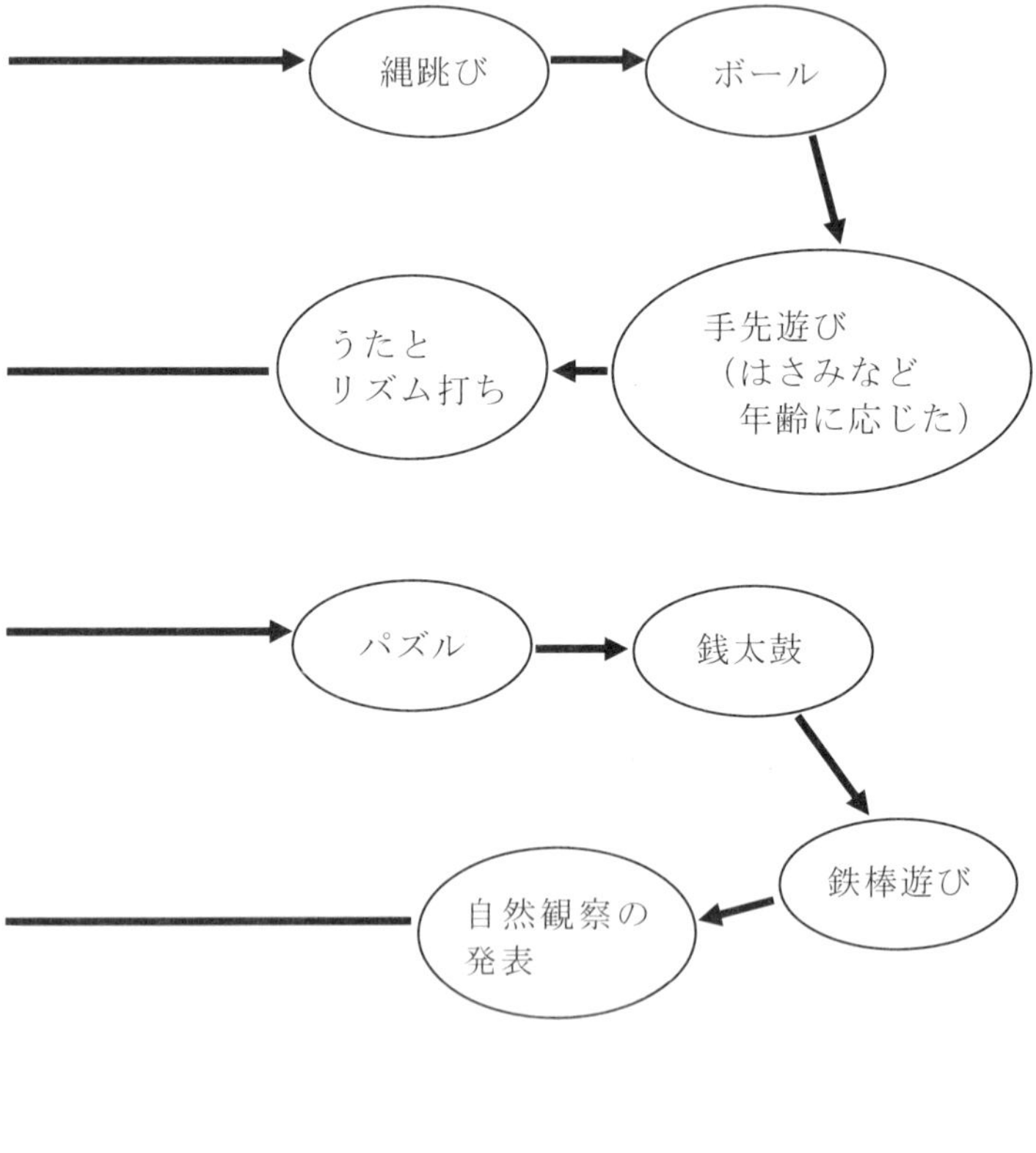
縄跳び
ボール
手先遊び
（はさみなど
年齢に応じた）
うたと
リズム打ち
パズル
銭太鼓
鉄棒遊び
自然観察の
発表

〔一例〕

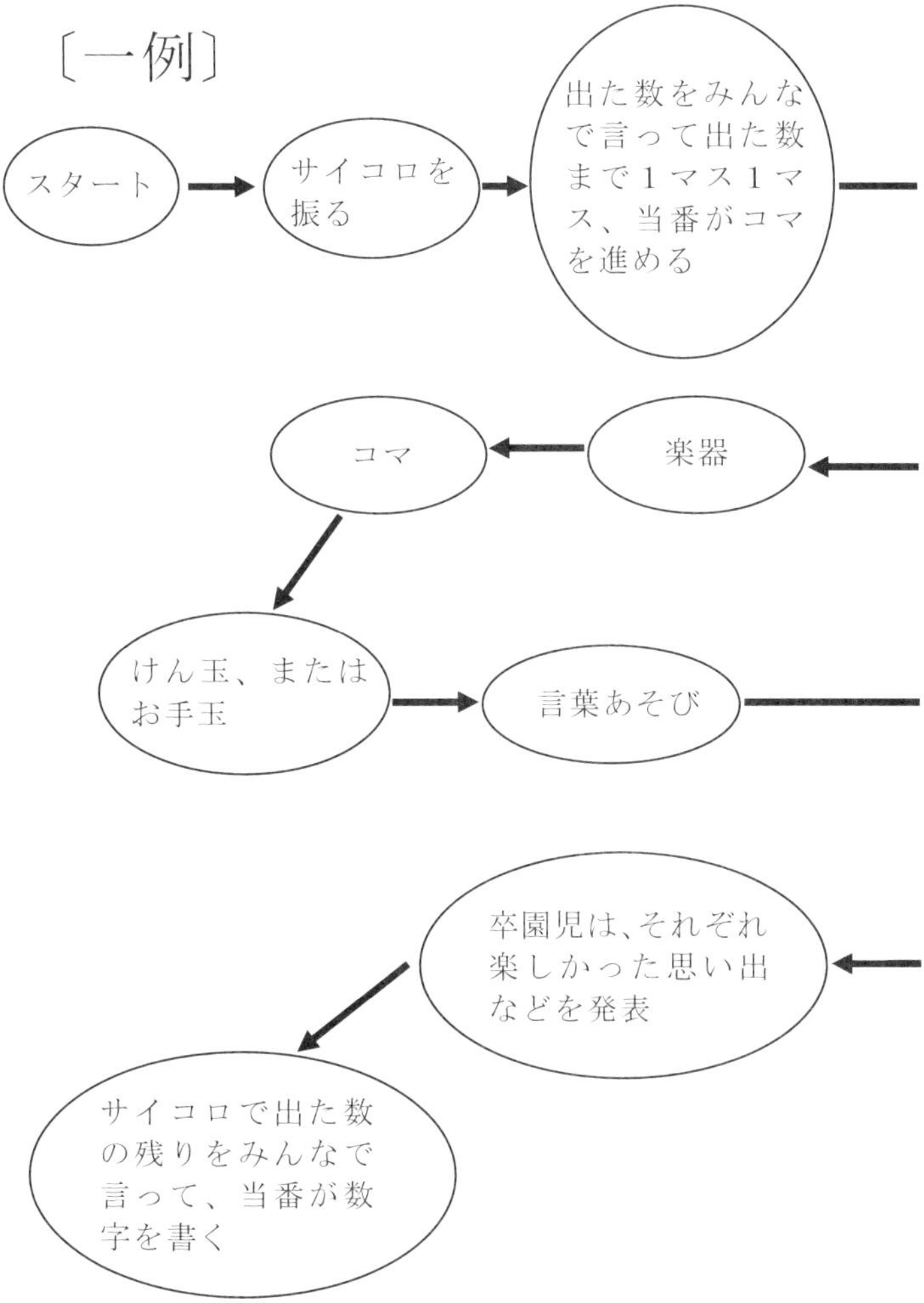
スタート
サイコロを振る
出た数をみんなで言って出た数まで１マス１マス、当番がコマを進める
楽器
コマ
けん玉、またはお手玉
言葉あそび
卒園児は、それぞれ楽しかった思い出などを発表
サイコロで出た数の残りをみんなで言って、当番が数字を書く

縄跳び表現
大縄後回りの中を通り抜ける （一人で、または補助されて）
大縄後回りの中で３～５回跳ぶ
大縄前回りの中で 10 回跳ぶ
大縄前回りの中に個人縄跳びで入り 前跳び３回+前あや３回+前交差３回
大縄跳び前回りの中に個人縄跳びで入り 前跳び３回+前あや３回+前交差３回+前二重跳び１回
大縄跳び前回りの中に個人縄跳びで入り 前跳び３回+前二重跳び３回+前二重あや跳び１回

3月現在の年齢	さいころ遊び
0.3～1.10歳	絵（6面に）または黒丸 
1.11～2.10歳	1、2、3、1、2、3
2.11～3.10歳	1、2、3、4、5、5
3.11～4.10歳	1、2、3、4、5、6
4.11～5.10歳	1、2、3、4、5、6 ⊕1、2、3、4、5、6
5.11～6.10歳	1、2、3、4、5、6 ⊕1、2、3、4、5、6 ⊕-1、-2、-3、4、5、6

手先での遊び
ズボンをはく、棒通し、両手ゴマ回し （一人で、または補助されて）
上着のボタンをはめる 豆つまみ、両手コマ回し ハサミで直線を（一人、または補助されて）切る
豆つまみ、輪つなぎ、紐の結び切り 両手、または片手コマ回し、ハサミで○や直線を切る…等 大根や人参を輪切りにしたもの６個を針で糸を通す
片手コマ回し（野菜や段ボールで作ったコマなども使用） お手玉２個使用、ハサミで○、△、□などや簡単な昆虫や動物の形を切る
野菜やドングリなどで作ったコマや紐で回すコマに挑戦 けん玉（大皿に）、ハサミでカマキリやバッタなどのように複雑な形を切る
ハサミで布やいろいろな種類の紙や段ボールなどを切る けん玉（いろいろの皿に） 銭太鼓、日本太鼓…その他

３月現在の年齢	ボール遊び
0.3～1.10歳	保育者と投げる、キャッチする
1.11～2.10歳	右手つき10回　　曲に 左手付き10回　　合わせてつく
2.11～3.10歳	右手つき５回　　曲に 左手付き５回　　合わせてつく 交互つき５回
3.11～4.10歳	走りつき 右手つき５回　　曲に 左手付き５回　　合わせてつく 交互つき５回 片足くぐり１回
4.11～5.10歳	右手、左手　　曲に 交互つき　　合わせてつく 足くぐり、右、左
5.11～6.10歳	曲に合わせて左、右の足くぐりの連続

言葉遊び
名前を呼ばれたら「ハイ」と返事をする （小さい子は手をあげる）
次々に立って自分の名前を言う （例、うえだあつこです…というように）
しりとり遊びをする （大好きな年齢なので）
ことわざのカルタとり （自分が手にしたカルタを発表する）
俳句カルタとり、その後自分が手にした俳句を読みあげる（作者名までを） お話作り…「○○と○○で○○をして遊びました」のように
百人一首のカルタとり 自分が手にしたカルタを読みあげる 何組かに分かれて九九を１の段から２～３…９の段まで発表する 楽しかった１年間の想い出を一人ひとり発表する

3月現在の年齢	パズル遊び	うた・合奏
0.3～1.10 歳	○、△、□、◇ いずれか1個または 2個を入れる	鈴で、歌いながら ♩♩♩♩
1.11～2.10 歳	表パズル 30 片を完成させる	うたを1回 次に、うたいながら拍子木を打つ ♩♩♩𝄽
2.11～3.10 歳	表パズル 50 片を完成させる	♩♪ ♪♩♪ ♪ リズムうちの後 鍵盤ハーモニカ
3.11～4.10 歳	表パズル 70 片を完成させる	うたう1回 鍵盤ハーモニカ
4.11～5.10 歳	表パズル 70 片 または 裏パズル 70 片 ジグソーパズル	うたう1回 リズム打ち♩♪♬ 鍵盤ハーモニカ
5.11～6.10 歳	ジグソーパズルの裏パズル 100 片 または みんなで日本地図パズルを完成させる	リズム作り （自分たちで） 鍵盤ハーモニカとハーモニカ（2人1組で） 次に春・夏・秋・冬の曲を奏でる

３月現在の年齢	自然観察の発表 （４月から天体や自分たちで栽培してきた植物の観察結果を）
１歳児～２歳 10 カ月	４月から３月までに食べた野山の植物 （野菜や果物…など発表する
２歳 11 カ月～３歳 10 カ月	自分たちでトマトや茄子やキュウリや西瓜を植えて育てて食べてみた経験を発表する
３歳 11 カ月～４歳 10 カ月	豆類…大豆、小豆、ふろう豆、落花生の４種類の豆を植えて、種からの生長過程を比較、観察しながら収穫、そして食べてみたまでの体験を発表する

３月現在の年齢	自然観察の発表 （４月から天体や自分たちで栽培してきた植物の観察結果を）
４歳11カ月～５歳10カ月	天気調べ…９時、12時、15時の年間を通して調べてきた観察結果を発表する 芋類…さつま芋、じゃが芋、里芋、こんにゃく芋の４種類を植えて、種芋からの生長過程を比較観察しながら収穫、そして食べてみたまでの体験を発表する
５歳11カ月～６歳10カ月	稲…籾播きから田植え→稲の生長過程の変化から稲刈り体験、脱穀→精米になるまでの見学、おにぎりやお餅、パン菓子…など加工後食べてみた過程までの比較観察結果を発表する 温度…年間を通して日なたと日かげの９時、12時、15時の温度を記録比較してきた結果について発表する 影…年間を通して、９時12時、15時の影の長さと方向を記録、比較してきた結果について発表する

あとがき

この度、戦後間もない昭和二十六年から、六十年余りに亘って保育にかかわり、子どもの姿を見つめ、記録を取り続けて、研究に研究を重ねてこられた和多美知子先生にインタビューをお願いして私達後輩の今後の資料の糧にさせていただきたくご無理をお願いいいたしました。

（有難いことに和多先生の後半の研究の一部に私達も参加させていただき、貴重な体験をさせていただきました）。

和多先生は昭和五年生まれで、小学三～四年生頃までを、大人の干渉が殆どなかった子ども集団の中で、年長の女の子は弟妹を背負い（子守り）ながら、そして、二～三歳の年少児は年長児におくれないようにと一生懸命年長児のあとを追いながら、広々とした四季折々の山野を駆け巡って探検を繰り返し、自然現象の不思議さに驚き感動し、疑問を抱きながら、遊びをいろいろ工夫し、面白さ不思議さなど拡大して尊い経験を身につけてこられたとうかがいました。

そして、保専を卒業した昭和二十六年から〇歳児から就学前までの子ども集団のいる保育園という場で、社会変動という背景のもとで揺れ動く子ども達と向き合い、子どもの姿の変遷を記録し続けて問題点と向き合い模索し続けての研究に取り組んでこられました。

この度、この貴重な体験をインタビューして後世の糧にしたくまとめ上げました。

森　英子
伊勢　慎

［監修者および編著者略歴］

監修者

和多　美知子（わだ　みちこ）

岡山県立保育専門学院（現岡山県立大学）卒業

元新見女子短期大学（現新見公立短期大学）幼児教育学科教授

［おもな業績］

『生活習慣・子どものあそびシリーズ⑤』中央法規出版

『暮らしの中の子育て考』中央法規出版

『あそびごよみ―指導計画　日案実践例』ふくろう出版

『保育暦』ふくろう出版　他多数

編著者

森　英子（もり　ひでこ）

岡山大学大学院教育学研究科修了（幼児教育専攻）

私立保育園主任保育士を経て、

現在、山陽学園短期大学幼児教育学科講師

［おもな業績］

「保育園の「園外へ歩いて出かける活動」に関する保育課程編成時の留意点―カリキュラムマネジメントの観点からの考察―」（共著）『教育実践学論集』第15号、一〇一―一一一頁

『月案あそびごよみ―指導計画実践例』（共著）ふくろう出版

『三歳未満児の実践例　子育てごよみ　順調な「動き」の発達が子どもの逞しさをはぐくむ』（共著）ふくろう出版

伊勢　慎（いせ　まこと）

一九八一年、岡山生まれ

岡山大学教育学部卒業。岡山大学大学院教育学研究科修了（幼児教育専攻）

私立保育園保育士、福岡女子短期大学保育学科講師を経て、

現在、福岡県立大学講師

［おもな業績］

「子育ての知恵に基づく和多美知子の保育論構築―家庭教育研究の成果に基づく保育論構築への示唆―」（共著）日本家庭教育学会誌『家庭教育研究』第9号、二三―三一頁

『三歳未満児の実践例　子育てごよみ　順調な「動き」の発達が子どもの逞しさをはぐくむ』（共著）ふくろぅ出版
『月案あそびごよみ　指導計画実践例』（共著）ふくろぅ出版
『保育暦』ふくろぅ出版

斎藤　健司（さいとう　けんじ）
岡山理科大学大学院理学研究科修了
岡山大学医学部研究生（平成六年十月～平成十三年三月）
医学博士
現在、新見公立短期大学幼児教育学科教授

［おもな業績］
『体験・実践・事例に基づく保育内容「環境」―身近な自然・社会とのかかわり―』（共著）保育出版社
『あそびごよみ「環境」―0歳から6歳の指導実践例―』ふくろぅ出版
『実践保育内容シリーズ3「環境」』（共著）一藝社
『保育実践に生かす保育内容「環境」』（共著）保育出版社

「保育士養成校における科学リテラシー教育─保育士養成校入学者の高等学校における理科履修科目と科学リテラシー─」全国保育士養成協議会『保育士養成研究』第二十五号、一─八頁　他多数

子育て考
子ども集団の中で一人ひとりを大切にした人的・物的環境の一例

2016年11月20日 初版発行

監　修　和多美知子
編　著　森　英子
　　　　伊勢　慎
　　　　斎藤　健司

発　行　ふくろう出版
〒700-0035 岡山市北区高柳西町 1-23
友野印刷ビル
TEL：086-255-2181
FAX：086-255-6324
http://www.296.jp
e-mail：info@296.jp
振替　01310-8-95147

印刷・製本　友野印刷株式会社
ISBN978-4-86186-682-1　C3037